学校课程深度变革丛书　杨四耕 主编

娄华英等 ◎ 著

跨界学习：
学校课程变革的
新取向

华东师范大学出版社
·上海·

图书在版编目(CIP)数据

跨界学习:学校课程变革的新取向/娄华英等著.—上海:
华东师范大学出版社,2018
(学校课程深度变革丛书)
ISBN 978-7-5675-7612-4

Ⅰ.①跨… Ⅱ.①娄… Ⅲ.①小学－课程建设－研究
Ⅳ.①G622.3

中国版本图书馆 CIP 数据核字(2018)第 067669 号

学校课程深度变革丛书
跨界学习:学校课程变革的新取向

丛书主编	杨四耕
著　　者	娄华英
责任编辑	刘　佳
特约审读	汪建华
责任校对	胡　静
装帧设计	卢晓红　刘怡霖

出版发行	华东师范大学出版社
社　　址	上海市中山北路 3663 号　邮编 200062
网　　址	www.ecnupress.com.cn
电　　话	021-60821666　行政传真 021-62572105
客服电话	021-62865537　门市(邮购)电话 021-62869887
地　　址	上海市中山北路 3663 号华东师范大学校内先锋路口
网　　店	http://hdsdcbs.tmall.com

印刷者	上海华顿书刊印刷有限公司
开　　本	787×1092　16 开
印　　张	11.25
字　　数	181 千字
版　　次	2018 年 6 月第 1 版
印　　次	2022 年 7 月第 4 次
书　　号	ISBN 978-7-5675-7612-4/G·11042
定　　价	34.00 元

出版人　王　焰

(如发现本版图书有印订质量问题,请寄回本社客服中心调换或电话 021-62865537 联系)

丛书总序

迈向 3.0 的学校课程变革

学校课程变革有三个层次：一是 1.0 层次。这个层次的课程变革，以课程门类的增减为标志，学校会开发一门一门的校本课程，并不断增减，这是"点状"水平的课程变革。二是 2.0 层次。处在这个层次，学校会围绕某一特定的办学特色或项目特色，开发相应的特色课程群。在一定意义上，这个层次的课程变革是围绕办学特色的"线性"课程设计与开发水平。三是 3.0 层次。此层次，学校课程发展呈"巢状"，以多维联动、有逻辑的课程体系为标志，将课程、教学、评价、管理以及师生发展融为一体，这是文化建构与创生层次的课程变革。

当前，碎片化、大杂烩的学校课程变革普遍存在。具体表现如下：

一是不贴地。没有学校课程情境的分析，空降式课程开发，不基于学校实际，没有在地文化意识，不关注孩子们的学习需求，为了课程而课程。

二是无目标。不少学校的改革是为了课程而课程，课程建设不是基于育人目标的实现，脑中没有育人意识，眼中没有育人目标，育人目标与课程目标不能很好地实现对接。

三是无逻辑。没有学校课程的顶层设计或整体规划，学校课程建设只是一门、一门的校本课程的累加，处于"事件"状态，没有形成"整体"气候，没有"体系"意识。没有基于学校的办学理念提出自己的课程理念，办学理念与课程理念一致性比较弱，更别谈基于理念的课程设计、实施与评价的"连结"或"贯通"了。

四是大杂烩。学校虽然开发了很多课程，但对课程没有进行合理的分类，课程之间的关联性与结构性比较弱；杂乱无序的"课程碎片"以及随意拼凑的"课程拼盘"，很难以发挥课程的整体育人效果。

五是不活跃。课程实施方式单一，以课堂教学为主渠道，以学科学习为主范域，以知识拓展为主追求，辅之以兴趣小组、社团活动，对户外学习、服务学习、综合学习、动手操作等方式用得很少。

六是无评价。没有课程认证与评估，课程开发随意性比较大；课程设计没有具体评价考虑，课程实施效果没有评价支撑，其结果不得而知。

七是弱管理。基于现实因素，中小学对教学管理是抓得很紧的，但因课程开发对学校来说只不过是"锦上添花"的东西，所以大多数学校的课程管理都比较弱，基本不受重视。从现实情况看，中小学教师普遍没有课程意识、课程开发能力比较弱，更不懂得如何管理课程，课程资源意识也比较淡。

八是低关联。学校课程的各要素之间关联度低，如学校课程建设没有触及课堂教学改革，课程建设与教学有效性的提升没有关系；中小学真正参与课程建设的积极性普遍不高，他们内心里觉得"课程开发浪费时间"，"对提高教学质量没有用"，课程开发在很大程度上还只是行政推动或为了所谓的"办学特色"而已。

林林总总，中小学课程改革的细节问题很多，很值得我们关注。教育部《关于全面深化课程改革，落实立德树人根本任务的意见》指出：中小学课程改革从总体上看，整体规划、协同推进不够，与立德树人的要求还存在一定差距。主要表现为课程目标有机衔接不够，课程教材的系统性、适宜性不强；与课程改革相适应的评价制度不配套，课程资源开发利用不足，支撑保障课程改革的机制不健全等。因此，更深层次地说，迈向3.0的学校课程变革是"立德树人"的深切呼唤。

根据笔者多年的观察与研究，对中小学而言，3.0的学校课程有以下基本特征：一是倾听感，聚焦"原点"，关注学生的学习需求；二是逻辑感，严密的而非大杂烩或拼盘的；三是统整感，更多地以嵌入的方式实施而非简单地做加减法；四是见识感，以丰富学生的学习经历而不以知识拓展或加深为取向；五是质地感，课程建设触及课堂教学变革，教学有效性的提升倚赖课程的丰富与精致。

在迈向3.0的学校课程变革旅途中，中小学可以推进以下六个"关键动作"，扎实、深入推进学校课程变革，形成学校课程变革架构，创生学校文化特色。

第一个关键动作，把儿童放在课程的中央，关注儿童的学习需求与兴奋点。

3.0课程是以学习为中心的课程。捕捉孩子们的兴奋点，点燃孩子们的学习热情，满足孩子们的学习需求是学校课程变革的首要议题。

学习需求是学习的动力，是影响学习品质的重要因素。在一所学校，从学习需求的主体看，我们应关注这样三类学习需求：一是所有孩子的共同学习需求，二是一部分孩子的团体学习需求，三是一个特定孩子的个别化学习需求。学校如何采取合理的方式,识别、发现、回应、满足、引导学生的学习需求,促进学生发展,是学校课程发展的关键。从学生学习需求的动态发展变化过程去分析、研究学生的学习需求,在学生学习需求的满足与不满足的动态平衡中去研究学校课程架构才有实际意义。在"回归"意义上,学校课程建设把学习需求放在中央,是以学生发展为本的教育理念的具体反映。

学习需求分析是一个系统化的调查研究过程。我们要通过调查全面了解学生的实际情况。调查的对象可以是群体,如一个班级或教师任教的几个班级、一个年段甚至更广;也可以是个体,如某个特别的学生或两个对比的学生。具体调查方法有问卷调查、访谈座谈、测试调查、案例分析、典型跟踪等。不管哪种方法,主要目的是收集相关数据,整理、分析、判断、发现学生现状中存在的问题,并找出问题产生的原因,以便在课程设计中对症下药,确定解决该问题的必要途径。

当然,我们也要注意区分哪些需求是必须满足的,哪些需求不是非满足不可的,哪些需求是需要引导和调整的。杜威说:教育即经验的改造。面对孩子们,我们要思考的是:是不是所有的经验都可以进入课程?怎样的经验具有满足孩子们学习需求的属性呢?实践证明,经验必须满足以下两个条件才能进入课程:第一,经验必须关注儿童生长,必须把儿童放在课程的中央,真正促进儿童的成长与发展;第二,经验必须具有连续性。经验仅仅新鲜、有趣是不够的,散乱的、割裂的和"离心"的经验,是没有意义的,不能作为课程的有机构成。经过设计的"经验"可以从小到大、从自我生活到公共领域。经过精心"改造"过的经验,可以很好地体现"逻辑结构"与"心理结构"的有机统一。换言之,我们的课程设计应该贴近儿童的学习需求,聚焦孩子们的生长点。

第二个关键动作,建构自己独特的"课程图谱"或"课程坐标"。

丰富的课程比单一的课程更有利于孩子们的人性丰满,这是一个课程常识。如果把课程视为书本,孩子们可能会成为书呆子;如果把课程视为整个世界,孩子们可能会拥有驾驭世界的力量。

课程是一个可延伸的触角。让课程更好地链接生活、链接活动、链接管理以及一切可能的要素,让学校课程纵横交错,能够真正"落地",这是迈向3.0课程变革的关键手法。

为此,每一所学校都应致力于建构自己独特的"课程图谱"或"课程坐标"。在横向上,将学校课程按照一定的逻辑进行合理的分类;在纵向上,将学校课程按照年级分为不同层级,形成一个适应不同年龄阶段孩子的课程阶梯。具体地说,在横向上,重构学校课程分类,让孩子们分门别类地把握完整的世界之奥秘;在纵向上,强调按先后顺序,由简至繁、从已知到未知、从具体到抽象,保持课程的整体连贯。这样,我们就可以形成天然的、严密的学校课程"肌理",让课程有逻辑地"落地",有利于克服课程碎片化、大杂烩问题。

总之,如何按照一定的逻辑,理顺学校课程纵向与横向关系是学校课程变革需要审慎思考的问题。让课程真实地存在于特定学制之中、特定年级之中、特定班级之中,让每一位教师可以看到自己在学校课程图谱中的位置,每一个家长可以更清晰地知道自己的孩子在学校将学习什么,未来将发生什么,学校将把孩子们引向何方……一句话,课程是动态的课程,而不是静止的名称。

第三个关键动作,具身学习成为课程最核心的实践样式。

真正的学习应是具身的。换言之,只有个体亲身的经历和体验才称得上是学习。课程从本质上说是一种经验。说白了,课程就是让孩子们体验各种经历,并由此将知识以及其他的各种可能转化为自身的经验,实现自身的"细微变化"。

3.0的学校课程表现出这样两个特点:一是突出孩子们在课程设计、实施与评价中的主体地位,让他们在课程中释放激情;二是从孩子们的角度出发设计课程,以孩子们喜欢的方式实施、评价以及管理课程。这样,课程不是外在于孩子们的,孩子们本身就是课程的设计者、实施者和评价者。

培根说,知识就是力量。这话只说对了一半,确切地说,具身的知识比离身的知识更有力量,能够勾连起想象力的知识比无想象力的知识更有力量,有繁殖力的知识比无繁殖力的知识更有力量,成体系的知识比碎片化的知识更有力量,被运用的知识比没有得到运用的知识更有力量。课程是有设计、有组织的经验系统。在这里,见识比知识更重要,智识比见识更有价值。

在课程实施过程中,让孩子们采用多样的、活跃的学习方式,如行走学习、指尖学习、群聊学习、圆桌学习、众筹学习、搜索学习、聚焦学习、触点学习……但凡孩子们生活世界里精彩纷呈、活跃异常的做事方式,就是课程实施的可能方式,而不仅仅是所谓的概念化了的"自主、合作、探究"。杜威说:"一切学习来自经验。"实践、沉浸、对话、互动、参与、体验是课程最活跃、最富灵性的身影,也是课程实施的最重要的方法。重视孩子们直接经验的获得,通过一系列的实践活动,扩充和丰富孩子们的经验,是3.0课程的重要表征。

第四个关键动作,课程不再是"孤军作战",关联与整合成为课程实施的常态。

关联与整合是3.0学校课程变革的关键特征之一。关联与整合强调要以各学科的独立性为前提对课程内容进行多维、多向的组织。这就意味着,我们要打破学科的固有界限,找出课程要素之间的内在联系,关注知识的应用而不仅仅是知识形式,强调内容的广度而不仅仅是深度。在整合的基础上,加强各个学科之间、课程内容和个人学习需求之间、课程内容和校外经验之间的广泛联系。

一般地说,课程整合有两种常见方式:一是射线式整合,即以学科知识为圆点,根据知识的内在逻辑联系而进行多维拓展与延伸;二是聚焦式整合,即以特定资源为主题,根据学习者的兴趣或经验,以加强孩子们与社会生活的多学科、多活动的关联与整合。从表现形式来看,既有"学科内统整",又有"学科间统整";既有"跨学科统整",又有"学科与活动统整"以及"校内与校外统整"等。

课程是浓缩的世界图景。3.0的课程是富有统整感的课程,是多维连结与互动的课程。不论是学科课程的特色化拓展,还是主题课程的多学科聚焦,都应尽可能回到完整的世界图景上来,努力将关联性与整合性演绎得淋漓尽致,让孩子们领略世界的完整结构。

第五个关键动作,学校弥漫着浓郁的课程氛围,自觉的课程文化是变革的结晶。

课程保障条件的落实、课程氛围的营造以及学校文化的自觉生成,是3.0课程变革的重要组成部分。中小学如何落实课程保障条件、让学校课程氛围浓郁起来?有两点建议值得一提:

一是主题仪式化。孩子们对于节日的喜爱源自天性,几乎没有孩子不喜欢"过节"。每个学期开始前,学校可以集体策划、共同商讨本学期的主题节日。如学校可以推出热火朝天的"劳动节",引导着孩子们动手动脑,学会观察,搞小研究,孩子们以"种植"为主题,选择不同的植物作为研究对象;可以设计绚烂多彩的"涂鸦节",针对不同年级开展不同的涂鸦活动,以生动有趣的形式来展现审美情趣,表达情感,激发孩子们的创意,让他们增进环保意识;可以创造生机盎然的"花卉节",带着孩子们走进大自然,感受花卉的美丽绚烂,搜索和花相关的各种诗篇、成语、民间故事,增长见识的同时提升审美情趣;可以拥有别开生面的"晒宝节",孩子们在全家的支持下开始搜索各种宝贝,如独立寻找自己的钢琴考级证书,在家人的帮助下寻找爸爸、妈妈小时候的照片,奶奶钟爱的缝纫机,爷爷的上海牌手表等。当然,我们还可以生成趣味无穷的"游戏节"、传递温情的"爱心节"、开阔眼界的"旅游节"……对于孩子们来说,校园节日是难能可贵的课程。

一句话,学校精心准备、周密策划,充分发挥全体教师的智慧与才干,开发具有时尚、艺术、娱乐等元素的、孩子们喜欢的校园节日,将德育活动通过一个个校园节日展现出来,让丰富多彩的节日活动吸引孩子们,让浓郁的课程文化给孩子们的校园生活留下美好的回忆。

二是空间学习化。迈向3.0的课程善于发现空间的"意义结构",它常常以活跃的空间文化布局诠释"空间即课程"的深刻内涵。现在,我们有很多学校已经意识到了"空间课程领导力"的价值。诸如以下一些做法都是值得我们赞赏的:1.办学理念视觉化、具象化,充分展示一所学校的文化气质;2.办学特色课程化、场馆化,让办学特色成为课程美学;3.教室空间资源化、宜学化,让每一间教室都释放出生命情愫;4.图书廊馆特色化、人性化,让沉睡的图书馆得以唤醒;5.食堂空间温馨化、交往化,让喧闹的餐厅不仅仅可以就餐;6.楼道空间活泼化、美学化,让孩子们转角遇见另一种美……如何最大限度地让校园空间成为课程的有机组成部分,如何最大限度地让每一个物理空间释放教育能量,如何突破教室和校园围墙限制,让社区、大自然和各种场馆成为课程深度推进的生命空间,是3.0课程的美好期待。

这意味着,我们应当超越对空间的一般认知,重塑空间价值观念,提升空间课程领导力。通过设计、再造、巧用空间的"点、线、面、体",促进学校课程深度变革。我们应从实践美学的视角,重新发现学校空间的课程内涵,清晰定位学校的办学愿景、办学理念、内涵特色和育人目标,把无形的教育理念转变为有形的课程空间,通过深入分析学校的内涵发展、办学特色、课程理念,以及学生的多元学习需求,研究不同课程教学活动对空间的功能诉求,从物理设施、学习资源、技术环境、情感支撑和文化营造等维度上,对空间功能进行整体再构和巧妙运营,将课程理念转变为看得见的空间课程,让空间最大程度地满足不同学生的多元化发展需要。

总之,课程是一种文化范式。推动基于课程向度的仪式创意与空间设计,关注学习方式的多变性和场景性、学习时间的灵活性和可支配性、学习空间的多元性与舒适性、学习资源的丰富性和易得性,让所有的时空都释放出教育价值,让所有的时空都成为课程场景,让孩子们学习作品的形成、展示、发布、分享成为校园里最美丽的景观,让时空展示出生命成长的气息和活性,这是3.0课程的美好图景之一。

第六个关键动作,聚焦儿童的成长与发展,让课程表现出鲜明的回归属性。

3.0课程变革具有鲜明的回归属性:无穷点的多维连结聚焦到人的完整发展与灵性生长,回归到"教育即解放"这一"原点"上。

众所周知,课程与儿童的关系是一个既古老又年轻的话题。说它古老,是因为自从有了学校教育,有关课程与儿童的讨论便应运而生,历史上每一次课程改革都必然伴随着儿童观的思考;说它年轻,是因为随着时代的发展,这个问题会表现出新的形态与新的内涵。可以说,"让课程回归儿童"是3.0课程的必然选择。

当前,我们有很多学校在处理课程与儿童的关系问题上显示了高超的艺术与纯熟的智慧:课程目标设计过程凸显内在生长的视角,课程内容设计方面突出课程内容的生命活性,课程结构把握强调纵横交错的系统思维,课程实施探索强调具身学习的人本立场,课程评价与管理彰显儿童的主体地位。

课程即独特的生命体验。一百个孩子,一百个世界。每一个孩子对世界的认识都不一样,课程就是要认可每一个孩子的生命体验,并尊重他们的选择和体验。课程也是可选的发展标志。每一个孩子都有自己的发展高度,每一段路都是一个人生标杆,每一段经历都是一个人生标杆。课程就是要依据孩子的不同实际,开发适合他自己的独特的"生命图景",让课程真正回归儿童。

说到这里,不由地想起美国课程学者小威廉姆 E·多尔提出的以 Rich(丰富性)、Recursive(回归性)、Relational(关联性)和 Rigorous(严密性)的"4R"课程设计理路,让学校课程变革更符合生命成长的诗性节律。我的推想是,迈向3.0的学校课程变革是不是在践行"4R"的课程追求呢?是不是在推进基于文化自觉的课程变革呢?答案是肯定的!

杨四耕
2016年11月15日于上海市教育科学研究院

目 录

前言　突破"离身学习"的危机 / 1

第一章　跨标准之界：生长是课程的最高旨意 / 1

生长是课程的最高旨意。它旨在关注儿童作为一名生活者、学习者、体验者、感悟者，关注儿童在所有阶段中的各种变化，将儿童螺旋式上升的生长过程定为标准。基于儿童，从儿童出发，基于学情，根据学习活动的需要，是跨标准之界的核心所在。我们需要摒弃基于教材、基于教师、脱离儿童经验的"绝对标准"。

创意 1-1‖　触类旁通：在"迁移"中提升学习的意义
创意 1-2‖　不拘一格：在"融合"中获得发展

第二章　跨教材之界：在课程实施中寻找平衡点 / 17

　　从某种意义看，课程是一种未决的课题，是学习过程中的生成。教材是课程物化的结果，是帮助学生寻求真知的工具和资源。课程实施可以跳出教材的逻辑范畴，可以根据心理逻辑重组包括教材在内的一系列资源，通过贯通、建构、增补、赋境等处理，帮助学生建构属于自己的认知世界。

创意 2-1　旁逸斜出：不拘教材的个性化学习
创意 2-2　牵线搭桥：不同教材间的融会贯通

第三章　跨教室之界：教室的重新定义与审视 / 37

好奇、动手、体验、关联等都是儿童认知世界的基本方式,而整体的、生活的、经验的、真实的则是儿童认知世界的显著特点。我们尝试着跨越教室的藩篱,把整个世界都变成教室,让儿童在其中学习回归生活,亲近自然,走进社会,在真实世界中实践、探究,诞生新的、精彩的观点,内化知识,张扬个性,让学习自然而然地发生。

创意 3-1 ‖　因地制宜:有学习发生的地方就是教室
创意 3-2 ‖　别出心裁:心有多大,教室就有多大

第四章　跨认知之界：迈向"深度学习"的境界 / 59

　　跨认知之界的核心是从"浅层学习"到"深度学习"的跨越，是记忆、理解、应用、分析、评价，乃至创造等多种认知活动的跨越，是打破以往学习活动目标指向、学习策略单一的界限，围绕问题的解决，使用多种认知策略，打通学习活动中学生不同层次的认知维度，综合运用多类型、多层次的认知活动，培养学生的质疑能力和问题解决能力。

创意 4-1 ‖　学以致用：任务驱动，问题引领下的学习
创意 4-2 ‖　融会贯通：各认知领域共同发挥作用

第五章　跨时间之界：课程变革的一个重要维度 / 79

时间是课程的重要维度。针对课程特点选用"慢条斯理"的方法，我们让课程活动长短相宜：长课时是学习耐性的考验，短课时时间短、目标准、学习活。"跨时间之界"活跃了课程实施，提升了课程质效，觉醒了课程意识，形成了课程文化。

创意 5-1‖　慢条斯理：把时间留给孩子
创意 5-2‖　缩地成寸：浓缩精华于课堂

第六章　跨文化之界：弥漫在每一个角落里的交流 / 97

　　文化是一种力量、一种精神。跨文化交流的本质是人的活动方式的演绎。因此，当我们的探究课程向国内外多所学校展示的时候，当我们的探究课程走出国门的时候，我们才真正地跨出了具有实质性的一步、两步、三步……如此，我们才拥有了开放的视野和胸襟，才从单纯"做事"，迈向"成人"。

创意6-1　穿针引线：勾织立体的文化之网
创意6-2　海阔天空：促进多元文化的融合

目 录

第七章　跨学科之界：课程回归生活的原始景象 / 123

　　课程的内容没有了边界,学生的学习没有了边界,教师的教学没有了边界,这是课程回归生活的原始景象。跨学科之界不仅能改变学生学习方式,还能影响学生学习习惯。跨学科之界的方式有很多种:学科整合、学科渗透、学科嵌入、学科串门。跨越学科界限,进入无边界学习,这是课程变革的一种常态。

创意 7-1 ‖　与时俱进:以学生需求为核心
创意 7-2 ‖　包罗万象:多学科多领域的资源整合

第八章　跨身份之界：华丽转身擦出闪耀火花 / 139

　　跨越身份之界，让原本教与学身份的固定模式，转变为相融、相合、相交的身份互换，家长摇身变教师，学生亦可登台讲课，教师则随堂听讲，连大学生也成为"编外教师"。这既使学生的学习碰撞出更多元的思维，也让教师的专业成长锦上添花，家长的专长得以发挥，教育的光芒得以普照。

创意 8 ‖　锦上添花：在"换位"中展现课程的活性

后记 / 149

前 言

突破"离身学习"的危机

张江高科小学地处张江高科技园区内,周边有中医药大学、中医药博物馆、孙桥农业园区等社会资源,近几年来学校的家长群体也发生着结构性变化,大多有着良好的教育背景,供职于周边高科技公司,其中涉及医药行业的也较为丰富,能为我们提供具有专业知识背景的中医药方面的教育资源。基于这样一个坚实的资源基础,我校开发了《中草药植物探究》这门特色校本课程。多年来,在边研究、边实践、边开发、边修订、边完善的过程中,多路齐发,令课程的内涵不断完善,涉及的内容日益丰富。

在这一过程中,我们发现:本课程既涉及科学领域,也与历史、政治、文学、地理等人文领域有着千丝万缕的联系。为了让学生能够主动地去寻求知识,我们引进了跨界学习理念,立足《中草药探究》课程(以《中草药植物探究》课程为基础发展而成)开展了跨界学习相关实践研究,在此提出基于实践的理解和做法。

一、突破"离身学习"的危机

《中草药探究》课程在我校经过多年的实施和发展,已经成为我们的一大课程品牌,在市、区各级评比中获得了不少奖项。为什么要在课程取得较好的成果之后,再来开展"跨界学习"研究?在阐述这个问题之前,让我们首先了解一下《中草药探究》这门课程的来龙去脉。

中医药文化是中国传统文化的组成部分,具有丰富的人文精神和哲学思想。开展中医药知识进中小学学习的工作,是弘扬民族文化的一个重要方面,对培养青少年的民族自信心和自豪感很有意义。在中小学普及中医药知识,既能使学生了解中医药的博大精深,又可以使学生掌握更多的保健知识,有利于文化的传承和发扬,并助益学生形成良好的生活习惯,进行生命教育。基于以上的思考,我校着手开展《中草药植物探究》课程的开发与实施,现已开展了数年的实践探究,编制了较科学规范的课程实施方案,初步形成中草药植物探究课程体系。本课程有明确的目标,能体现素质教育的要求,着眼培养学生的探究能力。课程分为"感受中医药文化""认识中草药植物""制作中草药作品""种植中草药植物""运用中医药知识""社会实践"等六大学习版块,涵盖全面,层次清晰,既有知识认知方面的内容,又有动手操作实践方面的内容,符合学生的身心发展特点。课程实施主要采用在教师指导下,学生以班级为单位自主探究学习的方式,通过知识学习,实践运用,循序渐进,螺旋上升地感受中医文化、学习中医药知识。

《中草药植物探究》课程自落地实践以来,获得多项成果:课程先后被《文汇报》《解放日报》《上海教育》《浦东教育研究》及多家网络媒体进行报道;课程还先后获得首批"浦东新区学校特色课程""浦东新区精品课程"荣誉称号;校本教材被评为"浦东新区职工科技创新成果奖";依托课程的《利用地方资源开发小学中草药植物探究课程的实践研究》课题荣获上海市教科研成果评选一等奖等。

然而,在实践过程中也逐渐暴露出了一些不足,总的来说是科学与人文割裂、知识学习与学习者剥离。

一是科学与人文割裂。本课程既涉及植物科学、环境科学、医学、化学等科学领域,也涉及历史、政治、文学、地理等人文领域。在教学过程中,老师容易受到既定教案和教学材料的影响,往往将两方面割裂开来,如:种植版块通常只是引导学生对中草药植物的生长养护开展科学探究,而对相关的人文知识甚少提及;文化版块中的认识中草药名方,在教学实践中大多只做到知识上的了解,而许多学生更希望能够深入研究名方的配方在科学上的价值,通过科学实验来验证名方的奇效,这在教学中却是一片空白。然而,科学与人文实是不可分割的。中科院院士、著名科学家杨叔子这样说:科学是求真,人文是求善。求真的科学需要求善的人文作为导向,而求善的人文也需要求真的科学作为奠基,两者共生互通,和而不同。可见,科学与人文同等重要,需要在课程教学中共同发挥作用,才能引导学生形成完整的认知、健康的人格。

二是知识学习与学习者剥离。老师们忙着完成既定的教学方针和任务,却令教学陷入了"离身"知识的危机:学生学习的知识,是离开了具体情境,离开了完整结构,离开了人文情怀的。学生处于"被学习"的状态,不关心知识的来龙去脉和知识的现实情境。知识的记忆属性被强化,学习的探究属性被弱化,忽略了丰富多样的实践性的学习方式,这使得学生的学习抽象化、割裂化、碎片化、无情化,因而陷入被动的循环当中。

面对这样的现实,我们呼吁,让"知识"对学生产生真正的意义,让学生能够主动地去寻求"知识"。这就需要我们提供新的学习思路——"跨界学习"。"跨界"从字面意义上看,指的是"跨越一定的边界",信息时代,在互联网的迅猛冲击下,传统社会架构正在分崩离析,传统的专业"边界"正日渐模糊,"跨界"思维激发和席卷着众多新技术、新产品,渗透进一个又一个传统产业,改变着我们身边的社会。而随着教育部《关于全面深化课程改革　落实立德树人根本任务的意见》的颁发和实施,以及"核心素养"的提出,知识、品格、能力和立场态度等方面的综合表现受到空前重视,标志着以知识为中心的学科教学转向以核心素养为核心的综合育人。为适应这一要求,实施跨界教学,引导学生跨越自己原先学习的边界,向外界学习并寻求多元素交叉的学习方式,促进深度学习成为必然的发展趋势。教师具备跨界意识和跨界教学的能力,才能胜任发展学生核心素养的时代重任。在课程改革日趋深入的当今,"跨界学习"有着怎样的意义价值?如何开展相关教学实践?"跨界学习"又能为师生带来什么?对于这些问题,也许存在着不同的观点,从不同角度出发,得到的认识也会不同。基于《中草药探究》课程的"跨界学习"实践研究由此拉开了帷幕。

二、回归身、心、灵一体的学习

在"跨界学习"中,老师引领学生根据学习主题,整合学习资源,采用多种学习方式,通过一系列有针对性的跨界交叉活动,最终达到学习效果,并获取创新灵感。在活动中,学生"玩转"学习:搜索学习、聚焦学习、群聊学习、圆桌学习、众筹学习……"知识"不再是冷冰冰的书本文字,而是具有丰富实际意义的信息,学生在活动中探索知识,在现实中运用知识,身体、大脑、情绪、情境相互融合,形成自身的认知。"跨界学习"是站在学生立场上开展的主题化、具体性的学习,具有拓展眼界、激发灵感、挖掘潜力、提升能力的特点。根据所跨之界的不同,大致可以分为八种类型:

1. 跨学科之界。也就是围绕主题,多学科、多领域融合开展实践探究活动。教师打破学科限制,从学科融合的角度创新探究活动的实施策略,加强课程与学科间的融合互动,有利于活动的顺利实施,有利于学生综合素养的不断发展。

2. 跨教材之界。我们不把教材作为唯一的教学组织依据和教学资源,而是根据教师自身对教学主题的理解,以及学生自身的需求与想法、问题与期待,对包括教材在内的一系列教学资源进行重组与重构,来帮助学生寻求真知,建构属于自己的知识结构。

3. 跨教室之界。我们努力让课堂不再局限于教室以内，引领学生走出教室，走入与探究主题相关的地方——亲近自然、走进社会、链接生活……教室不是学生学习的整个世界，而是要让学习发生的地方都成为教室。

4. 跨时间之界。也就是打破固定课时的局限，根据学习主题的特点以及学生的学习需求，对于一些需时较长，或实践难度较高、较繁琐的活动，适当延长学习时间，而对于需时较短的活动则适当缩短学习时间，进行"长短课"灵活安排。

5. 跨标准之界。我们以学生在学习过程中的新发现、新需求、新突破为学习活动目标指向，打破囿于标准的固化思维，尊重与满足学生合理的学习需求，不断提升学习的主动性与积极性。

6. 跨认知之界。跨界学习需要打破以往学习活动目标指向、学习策略单一的界限，围绕主题，运用多元学习方式，使用多种认知策略，进行深度的整合学习，达到学习结果的实现。

7. 跨身份之界。如何打破师生身份的固有界定，让家长、学生、校外专业人员有机会成为教师，教师也有机会作为学生，形成相融、相合、相交的身份互换，擦出灵感火花，使教与学相生相长。

8. 跨文化之界：突破封闭式的、以知识传授为目的的课程文化局限，给予课程以开放的视野，让课程成为学生探求未知世界的乐园，通过课程赋予学生关涉幸福的教育。

基于上述八种"跨界学习"的具体类型，我们在《中草药探究》课程中率先开展了实践研究，有了些许认识和感触。

三、"走心"的课程研究

原本就以主题综合探究实践形式开展的《中草药植物探究》课程，正合适作为"跨界学习"生根、发芽、成长的温床，我们便将课程改名为《中草药探究》，去掉了名称中"植物"二字，开展更为深入的课程研究，将课程理念向"跨界学习""深度学习""全景学习"方向进一步转变，对已有的课程体系进行重新审视，重新架构，突破原有的视域和框架，引导学生经历身体、心灵、知识、情境于一体的学习，跨越学科之界，跨越课堂之界，跨越身份之界……能够不断扩展视野，综合运用各种知识和能力去探索，强化学习的探究属性，关注知识的现实情境，最终指向创新思维的发展，进而引动未来的课程变革。

第一，研究目标的确立。为保障研究的顺利进行，成立了以校长为组长的实践研究小组，规划立足校本的研究目标，开发和建设系列特色项目。组织具有较强创新意识、研究能力的骨干教师担任研发组成员，首先通过文献研究、小组研讨等方式，确立了"跨界学习"的三个研究目标：

1. 明确"跨界学习"之类型，提升《中草药探究》课程的品质。确立课程中的八种"跨界学习"类型，即：跨学科之界、跨教材之界、跨教室之界、跨时间之界、跨标准之界、跨认知之界、跨身份之界、跨文化之界，深入研究"跨界学习"的内涵、特征、形式、实施途径、方法，以及评价模式，全面提升《中草药探究》课程的教学品质。

2. 建构"跨界学习"之模型，活跃《中草药探究》课程的图景。以培育和提升学生的创新素养为目标，通过跨界探究活动，引导学生学会多角度、多层次地从整体上认识事物，尊重自然，热爱生命，科学对待人与自然的关系，自觉传承、发扬中医文化。让课程变得更有生活气息，更有人文情怀，更有应用空间，更有学习热情，更好地实现课程育人的目标。

3. 挖掘"跨界学习"之价值，实现《中草药探究》课程的诉求。挖掘潜能，激发思维，培养学生的创新意识和综合探究能力。在中草药探究的学习领域让学生经历跨越各种边界、多元素交叉的探究活动，从问题聚焦到学科建模，再到问题解决的全过程。让学生全程参与到真切的实践中去，开展身体、心灵、情境于一体的学习，在学习知识的过程中学会学习，拓展眼界，挖掘潜能，激发创新思维，体会到创造的快乐和方法，提升创造能力，传承并发展古老的中医文化。

总之，通过本项目的开展，探究教师专业发展方式，促进教师专业实践、信念，以及对课程、学生的理解及本体性知识、专业知识和技能的发展。在教学的自主性、自觉能动性、创造超越性和独特性四个方面有明显变化，从而进一步提高教师的课程开发与实施能力，提升教师的专业素养，加强学校课程的教育深度。

第二，研究路径的制定。本项目采取"理性聚焦——整体建构——多维切入——深度推进——提炼升华"的研究路径，具体如下：

1. 文献研究，理性聚焦。这是本项目研究的第一阶段：研究团队首先开展文献研究，明确"跨界学习"的理论内涵和实践价值；然后，结合实际，梳理已有的"中草药探究"的课程内容，提炼若干有研究价值又适合小学生探究的学习主题；接着围绕主题设计跨界的、逐渐深入的探究活动，让学生有机会接触真实生活中可能面临的各种综合问题,通过探究式学习,找到解决方法;同时,初步开展与国外学校的学习交流,"走出去"和"请进来"相结合,开拓师生的视野。

2. 把握类型,整体建构。这是本项目研究的第二阶段:对第一阶段实践过程中积累的过程性资料进行整理,形成系列活动设计、实施过程、学生评价等文本;对实践过程进行总结和反思,明确课程实施过程中跨界的类型、意义、具体做法、注意事项等,初步探索《中草药探究》课程中的跨界教学模式;此外,进一步开展国际交流,初步建立定期合作交流关系,初步构建国际交流师生选派机制,进一步开放师生视野和心态,初步培养学生的跨文化理解能力。

3. 建构经验,多维切入。这是本项目研究的第三阶段:在理论学习层面,对初步形成的课程文本进行进一步筛选和提炼,形成"中草药探究"跨界学习活动课程,包括原则、目标、内容、体系、实施等在内的课程体系。在此基础上通过专家指导、交流、论证等建构《中草药植物探究》课程中的跨界教学模式,并以此模式指导再实践,进行课程的深度变革。在国际理解层面,形成稳定的国际交流合作关系,定期选派师生开展国际交流,学生在中草药课堂中的英语表达、交流能力将会有所提升,达到既立足传统,传承古老文化,又放眼世界,加强和不同国家、地区的人们相互理解、相互包容的能力和心态。在资源建设层面,在校园中建设中医药文化长廊,改建校园绿化,增加中草药植物的比例,学校图书馆增设中草药相关图书,建设中草药科普实践馆,为学生提供丰富有趣的多媒体和实物资源,获取社区相关教育教学单位专业支持,等等,改变学生学习方式,激发学生主动学习的兴趣,进一步满足学生多元发展需求。

4. 交流探讨,深度推进。这是本项目研究的第四阶段:一方面,定期开展教学展示、研讨等活动,让老师不仅作为教学的实施者,更以主人翁的教学姿态关注课程的发展,关注学生的发展,主动参与课程的修改与完善,对学生学习发展的情况、对自己教学活动的效果、对自己与学生的互动等情况不断地进行反思与探索;另一方面,定期开展课程培训活动,由课程组负责人牵头,以"跨界学习"的思维和实践推动教师专业成长,组织任课教师进行交流,或邀请专业团队对任课教师进行培训,丰富教师的知识、能力结构,共同探讨出新的教学理念、新的课程方案、新的教学方法,于交流中取长补短,共同提高,深度推进"跨界学习"实践研究步伐。

5. 总结评价,提炼升华。这是本项目研究的总结阶段:通过设计与各个主题实践活动配套的评价手段、方法,结合访谈、问卷等方式进行总结评价,关注学生在学习过程中的实际表现、情感状态、知识能力发展状态、活动感受,等等,收集相关过程性资料,结合活动实施过程、活动成效等方面进行总结,从中提炼实践经验,予以推广,促进其他学科及课程的改革。

四、活跃的学校课程图景

"跨界学习"是基于网状的丰富的知识结构,顺应时代趋势和社会需要,有利于学生创新思维的培养,淡化学习边界的课程。其整合、开放、灵动、生活化的特征与学校"多元、开放、统整"的课程理念不谋而合。具体的课程图景如下:

第一,"跨界学习"的类型、模式与特征初步形成。我们在综合学习目的、学习内容、学习方式、学习主体等方面,将"跨界学习"大致分为以下八种类型:跨学科之界、跨教材之界、跨教室之界、跨时间之界、跨标准之界、跨认知之界、跨身份之界、跨文化之界。阐述了每一类跨界的理论意义和实践价值,通过"实践——总结——反思——改进——再总结"这样的途径形成了若干种跨界的教学模式。如在"跨教材之界"这一类,老师们通过思考、辨析,明确教材之于教学实践的真正价值,了解教材的本真意义。在这样的认识基础上研究教材,研究学生,从学生的角度出发跨越教材界限,改进教学实践,形成了"旁逸斜出""牵线搭桥""不拘一格"等多种教学模式。其他跨界类型中也形成了各具特色的不同教学模式,实现了学生学习兴趣与学习能力的双赢,同时,也令校本课程得到拓宽和延伸。

"跨界学习"的教学特征也在研究中逐渐浮现出来,初步形成。总体上看,在教学目标的确立方面,"跨界学习"的教学目标更注重知识的拓展与整合,知识综合运用能力、探究能力的培养,人与人之间情感目标的确立,教学目标具有很强的生成性,让学生充满生命活力,懂得生活意义。在教学内容的选择方面,"跨界学习"不再局限于系统化的单一学科知识,而非常重视各学科间的知识联系,还要观照学生的"生活经验",教学内容更加注重生命的独特性、整体性和学生实践境遇性的尊重。在师生角色与教学行为方面,"跨界学习"中的教师既不是课堂中的主角,也不是配角,学生既不是知识的被动吸纳者,也不是能力的受训者,演变成"教师的学生""学生的教师",在活动中,师生共同参与、平等交往,通过对话、交流、合作等方式交互影响,达成目标,实现价值。在教学结果的评价方面,"跨界学习"教学结果不只是重视知识与能力,更加强调教学中的人文因素,重视评价者与被评价者的主体参与、评价主体与评价客体之间的相互建构。

第二,"跨界学习"实践研究促进教师教学行为发生转变。通过文献检索、理论研究,老师们对原有的教学方案进行了审视、反思,借鉴西方"综合主题活动课程"的理念,以"跨界"的视野挖掘原有课程中各个主题活动的学习内涵,以培育和提升学生的综合学习素养为目标,开展围绕某个主题、内容集中而深入的、整合多种学习资源和学习方式的跨界交叉探究式学习活动,并设计实施相对应的评价。如在研究"艾草"主题活动中:做"生活小调查"了解艾草在日常生活中的各种用途;进行"课堂体验交流"培养沟通、共享的能力,并激发学生深入研究的兴趣;"自然小观察"引导学生用科学的眼光来认识、了解艾草这种植物的生长特点、生活习性;"自制艾条"以科学小实践的方式给予学生动手实践的时间和空间,满足学生的好奇心;"艾条小运用"让学生发现自己的探究能够发挥生活中的实际价值,感受到学习、思考、实践,可以让生活更美好,无形中激发了对中草药的热爱之情、对传统文化的敬意。这样的课堂从封闭走向开放,从教室走向校园、走向超市、走向家庭、走向生活实际;涉及的知识技能从单一学科变为多学科融合,围绕主题的跨学科学习自然而然地发生;学习资源不再是单一的教材,校园植物、生活中常见的物品、网络、图书馆、家长、医生、药剂师……都成为了宝贵的学习资源;走上讲台的不仅仅是教师,学生成为了名副其实的"小老师",和大家分享自己的研究、发现,学在其中,乐在其中……像这样的例子在"跨界学习"实践研究中还有很多。"跨界教学"打破了教师教学的思维定势,改变了课堂的走向,从为了知识的教育走向通过知识的教育,让课程变得更有生活气息,更有人文情怀,更有应用空间,更有学习热情,更好地实现课程育人的目标。

第三,"跨界学习"实践研究引导学生学习方式发生转变。学生天生对未知事物具有好奇心,有强烈的探索欲望,但往往受到学习时间、活动空间等各种因素的影响而被抑制。而"跨界学习"尽可能地保护这种好奇心和求知欲,让学生经历中草药领域跨越各种边界、多元素交叉的探究活动,从问题聚焦到学科建模,再到问题解决的全过程,让学生全程参与到真切的实践中去,和同伴一起合作,开展身体、心灵、情境于一体的学习。如在"正气方、制香包"这一活动中,活动主题就是学生在老师的引导下通过"头脑风暴",思维碰撞交流而聚焦形成的。然后,学生根据自身特点,在观察事物、提出问题、信息收集、动手操作、记录整理等方面进行组内或组际的分工协作、资源共享、团队合作、展示交流、管理与评价等。同学们会就一个主题共同讨论,探讨交流各阶段的具体目标及分工,达成共识后再开始活动,充分体现了自主意识。在项目实施过程中组员也会开展合作互助,分工协作完成资料的收集、整理、甄别。通过走访中医药博物馆和百草园,和老师交流探讨香包的起源和发展,共同寻找、识别、收集可用于制作香包的中草药。学生对香包的认识不局限于香包本身,更了解了香包的来龙去脉,好奇心得到了进一步的满足。而接下来"香包袋的设计""香包配方的探讨",学生更是发挥跨学科综合能力,一展各自所长:有的学生天马行空,设计的香包袋新颖独特;有的学生希望展示传统文化,设计的香包图案富有中医特色;还有的学生把精力集中在为小组寻找合适的香包配方上,不仅在网上查询相关资料,更利用课余、双休日向药店的中药师、中医药公司的技术老师咨询……像这样个人学习和小组合作有机结合、校内学习和校外实践有机结合、课堂听讲+专业讲座+场馆学习有机结合进行学习,不仅是这一主题,在开展其他主题活动时,这样综合性、多元交叉的探究也已成为了主要的学习方式。学生在学习知识的过程中学会学习,拓展眼界,挖掘潜能,激发创新思维,体会到学习的快乐和方法,激发创新意识和创造能力的发展。同时,对中草药领域的积极探索无形中传承并发展了古老的中医文化。

第四,"跨界学习"实践研究对其他课程的影响。"跨界学习"不仅仅改变了"中草药探究"课程中教师的教和学生的学,也对基础型课程的教学发生了重要影响——语文学习时,查资料、翻文献、设讲坛成了学习的常态;数学学习时,跑超市、做调查、分析数据,让数学有了用武之地;自然课上,设计多样化的研究方案,做验证,形成实验报告,令学习蒙上了浓浓的学术范儿;将英语课学到的句型、词汇应用在和国外友人的交流中,令英国杜伦学校的老师们纷纷赞叹我校学生的语言表达能力……"跨界学习"让教育手段从单一到多元,使孩子们的学习变得灵动起来,将探究融入到生活的方方面面。在看似"玩"的过程中,动手能力、表达能力、观察能力、理解能力、沟通能力……都得到了提升,对学习的价值也有了更深刻的理解。

娄华英
2018.1.20

第一章
跨标准之界：生长是课程的最高旨意

　　生长是课程的最高旨意。它旨在关注儿童作为一名生活者、学习者、体验者、感悟者，关注儿童在所有阶段中的各种变化，将儿童螺旋式上升的生长过程定为标准。基于儿童，从儿童出发，基于学情，根据学习活动的需要，是跨标准之界的核心所在。我们需要摒弃基于教材、基于教师、脱离儿童经验的"绝对标准"。

创意 1-1 ‖ 触类旁通：在"迁移"中提升学习的意义
创意 1-2 ‖ 不拘一格：在"融合"中获得发展

通常,课程标准是课程设计、实施与评价的准绳,它规定了课程的性质、目标、内容框架,提出了教学和评价建议。但是,"标准"来自何处?"标准"的归旨是什么?

首先,"标准"来自学生,学生发展是最高"标准"。"中草药探究"的起点是学生而不是教师,学生从自身经验中产生、形成问题,从经验中去获得解决问题的途径与方法。因此,学生的需要、动机和兴趣即是课程开发与实施的"标准"。"中草药探究"更是要面向学生完整的生活领域,引领学生走向现实的社会生活,促进学生与生活的联系,为学生的个性发展提供开放的空间。在学生参与探究、勤于动手和勇于实践中,获得真实的感受和体验。可以说,儿童的学习体现出"完整生活"的特点,"儿童"是最高标准。

其次,"标准"是一个标杆,是一个动态发展的标杆。在"中草药探究"中,有一些重要内容、方法、思想是需要学生经历较长的认识过程,逐步理解和掌握的。因此,"标准"的设定不是固定不变的,而是需要在每个阶段都对应各个阶段的学习"标准"。同时,它也是"发展变化"的,"标准"不是最后达成的状态,而是根据学生的年龄特征与知识积累,在遵循科学性前提下,采用逐级递进、螺旋上升的原则制定出来的各个活动阶段所达成的目标。可以说,"标准"既是一段时间对学生学习活动的检验,又是下一活动开始前应有水平的达成样态。"中草药探究"中根据学习者的动态变化,标准表现出"螺旋上升"的状态。

基于上述考量,"跨标准之界"本质上是以儿童成长发展为标准,儿童成长发展是课程的最高旨意。它旨在关注儿童作为一名生活者、学习者、体验者、感悟者,关注儿童在所有阶段中的各种变化,将儿童在螺旋上升过程中的成长发展状态作为标准。"跨标准之界"的"界"即是否基于学生出发,是否基于学情考量,是否是根据学生的活动而不断变化的,需要摒弃基于教材或基于教师、脱离儿童经验的"绝对标准"。

由此,面向全体儿童,"跨标准之界"的意义也就有了合理性。充分考虑到儿童发展的差异,在保证基本要求的前提下,体现出一定的弹性,以满足儿童的不同需求,使不同的人得到不同的发展。

由此,尊重每一个学生的个体,"跨标准之界"的意义也就有了合目的性。"跨标准之界"使"中草药探究"在实施中,不仅面向每一个学生的个性发展,尊重每一个学生发展的特殊需要,使活动目标具有明确指向,而且还面向学生的整个生活世界,随着学生生活的变化而变化,使课程内容具有开放性。同时关注学生在活动过程中所产生的丰富多彩的学习体验和个性化的创造性表现,使评价标准具有多元性,因而其活动过程与结果均具有开放性。

　　由此,关注成长的阶段变化,"跨标准之界"的意义也就有了自然性。"标准"的螺旋上升,使"中草药探究"实施可以采用自我参照标准,引导学生对自己在活动中的各种表现进行自我反思性评价。通过家长、学生、老师、社区等多角度、多主体的参与,使学生在参与学习与活动中,得到关注过程、关注学生个体的全方位、全面评价。

(撰稿者:江晓雪　娄华英)

创意 1-1 ‖ 触类旁通：在"迁移"中提升学习的意义

"触类旁通"比喻掌握了解某一事物的变化、趋势及规律，从而类推了解同类的其他事物的变化、趋势及规律，常用来形容一种知识与另一种知识之间的有效链接。在小学生参与探究型课程学习过程中，能够掌握了解某一事物的认识及发展规律的情形并不少见，即能够"触类"，但若要达成"旁通"，则必须全面激发学生学习兴趣与主动学习之愿望。在学生已知、已学、已体验基础上，打破"基于标准"的学习界限，以学生学习需求为出发，适当深化与拓展学科内容。在不断提升学生学习内驱力的同时，提升学生自主学习、延伸迁移等能力，从而达到"触类旁通"。

一、"触类旁通"的理念与意义

学科课程标准是课程实施的准绳，更是学生学业评价的标尺。我国提出基于课程标准的评价，主要针对目前随意拔高教学与评价要求、任意加快教学进度、学生课业负担过重的现状，旨在让教育回归理性，让教育更加尊重人的发展规律。

跨标准之界就是在"基于标准"的学习状态下，以学生在学习过程中的新发现、新需求、新突破为学习活动目标指向，打破囿于标准的固化思维，以"学习需求"为"标准"，尊重与满足学习需求，在问题解决与迁移学习中不断提升学习的主动性与积极性，以达成学习的举一反三、触类旁通。

(一) 有利于学习积极性的提升

跨标准之界的活动旨在满足学生求知欲望，尊重学生自主学习、主动学习、深入学习的意愿。在进行跨标准之界的主题学习时，可以培养学生全面思考问题、解决问题的能力，提升学生对学习主题的深入认知。通过触类旁通的学习，学生不仅全面理解、掌握某一变化、趋势与规律的发展，也能进一步了解其他变化、趋势与规律的形成与发展。

(二) 有利于归纳能力的形成

"触类旁通"式学习要求学生能够通过某一主题的综合性学习，对这一主题的内涵特点及规律进行精准把握。同时，不是局限于对这一主题某一方面的了解，而是全面考察主题的其他方面特点，在综合考量多方面特点之后，对主题形成一定的综合性认知。因此，在这一学习过程中，归纳思维能力得以发展。

（三）有利于知识的迁移运用

在"触类旁通"式学习的开展过程中，有许多可以由学生个体进行迁移学习与运用的机会，有助于满足学习个体的学习需求，同时，在与其他学习个体的交流、协作、合作学习中，不断听取他人意见及建议，修正、拓展、深入个体学习，不断达成知识的迁移运用。

（四）有利于拓展学习的深入

"触类旁通"式学习包含了同一主题或不同主题下的各项学习活动，而由一类主题迁移运用至另一类主题的学习过程中，学生全面拓展学习了相关知识及规律，使学习在横向上更宽泛，在纵向上更精深。

总之，"触类旁通"式学习有利于学习积极性的提升，有利于归纳能力的形成，有利于知识的迁移运用，有利于拓展学习的深入，是一种值得尝试的学习形式。

二、"触类旁通"的教学操作

"触类"是学生对一个主题或一类问题寻找到相应的规律或者把握住了一定的方法。"旁通"是将"触类"后总结的规律、习得的方法等，迁移、运用到另一主题或情境中去，以解决新问题。"触类旁通"也是教学中发生有效迁移的一种。

"触类旁通"呈现出"学习链"的教学样态，具体表现为：第一个主题的提出→第一个主题的学习→第二个主题的提出→第二个主题的学习→第三个主题的提出……此"学习链"具有无限向下延伸性，但也非毫无边界。在学习过程中，以学生学习需求与积极性为标杆，可在课内、课外，学生个体、学习小组、学生群体等时间和空间下进行组合和转换。"触类旁通"作为教学样态，从内容看，强调充分发挥学生的主体作用，满足学生思维发展和问题探究的需要。从形式看，强调以主题探究为中心，个体学习、小组学习和群体学习皆可作为探究主体参与学习。其特征有：

一是教学主题包容性强。教师通过精心准备，选择具有包容性、研究性强的主题，提供给学生进行讨论、交流、研究。主题的包容性强是学生在学习过程中能够进行"触类旁通"的关键。

二是学习兴趣激发点丰富。围绕主题的探究性学习过程，重视学生学习兴趣的激发。对学生学习个体生活环境、学习环境的考量，贴近学生学习与生活的现实与理想，保证学生对主题有话可说，有问题可探究，有志愿可合作研究。

三是发散性思维推动主题研究。在研究过程中，尊重学生的独特发现，尊重学生对主题的个体理解,尊重学生在学习过程中的奇思妙想。学生个体发散性思维的发展进一步推动主题深入研究。

四是尊重个体学习意愿与志趣。学生的学习不是一蹴而就、一学就会、一会便通,而是在探究过程中不断摇摆、螺旋式上升的。不同学生的学习基础、学习习惯和学习能力,以及个体学习意愿与志趣的不同,都会影响到"触类旁通"式学习效果。因此,充分尊重每位学生的学习志趣,为每位学生提供可以参与、可感兴趣的话题,激发学生主动探究的乐趣,增强快乐学习体验,在小组、团队合作中带动个体志趣的发展,使每一个学习者都能投入学习。

五是以过程性评价为主。"触类旁通"式学习的起点具有较强的个体性,学习终点也有个体性。因此,学习评价以过程性评价为主,评价学生在主题参与、问题解决、主题迁移、合作学习等过程中表现出来的参与水平与投入程度,以及学习成果。

三、"触类旁通"的教学案例

"触类旁通"的教学框架要求主题明确、可迁移、可拓展性强。在教学《吟诗文,识草药》这一部分时,朱雯清老师以"花草入古诗、花草入对联、花草入人名、花草入路名、花草入故事、花草入美食、花草入丹青"等主题为教学内容,充分发挥学生的学习主动性,与学生一起进行了"触类旁通"的跨界学习活动。

(一) 精挑细选,研究主题的生活性

中医药文化版块的学习在我校中草药探究课程中具有非常重要的价值。中医是我国的传统瑰宝,源远流长,博大精深,在几千年的发展进程中形成了独特的中医文化。其中,中草药、中草药植物由于与生活密切相关,历来就被文人墨客载入诗文之中。从我国最早的诗歌总集《诗经》开始,到历代诗词歌赋、戏剧,到对联、成语、谜语,几乎所有文艺形式都有所涉及,尤其在诗词、对联中出现最多。

结合"认识中草药植物"这一主题,朱老师把古诗文与草药有机结合在一起,把此探究主题定为"吟诗文,识草药"。进一步把课程目标确定为:通过实地探查、图片辅助等形式,能认出一些本地常见的中草药植物,知道常见中草药的基本性状和功效,进一步了解与中医药相关的、涉及的古代历法、天文、纪年等方面的知识,了解并适当掌握一些中草药古诗、古文、对联、药名谜语、歇后语等语言材料,联系生活实际了解一些草药、保健方面的常识,并通过探究活动,培养对中医、中草药以及保健知识的兴趣,激发学生对中医学的亲近感,激发学生热爱祖国传统医学,以祖国传统文化为荣的自豪感。

(二) 投石问路，样例选择的典型性

四年级学生对中草药知识有了一定的了解和掌握，在生活中也能大体知道一些中草药植物的样子和药用价值，且有了先前各类知识的累积，对古诗文中的中草药植物也不陌生。因此，为进一步激发学生的探究热情，朱老师以最贴近学生的"张江路名"和"车前草"为引子，由旧知引发新知，激发学生的学习兴趣。

1. 从"路名"到"药名"。(1)从"路名"引发问题：我们张江高科园区的路名都是以古今中外著名科学家的名字来命名的，其中以古代医学家名字命名的是哪两条路？(李时珍、华佗。中医史上的巨人)除了这两条路，你知道在张江地区还有哪几条路跟中医学、中草药有关？(丹桂、紫薇、藿香。指明这是三种很常用的中药)分别出示三种中草药的图片，简要介绍它们的药用功能。(2)从数量引到名著：中医是我国的传统瑰宝，源远流长，博大精深，说到中医必然说到中草药、中草药植物。你能说出几种中药名吗？我国中药分三类：植物类、动物类和矿物类，植物类最多，大概有几种？(将近900种之多)这么多的中草药，我们的祖先对每一种中草药植物的生长特点、特性以及能治什么病，都研究得清清楚楚、明明白白，所以才会形成令世人叹为观止的《黄帝内经》《本草纲目》等医药领域的世界名著，光从这一点上看，我们就觉得中国人实在了不起！(3)走进诗词，揭示主题：在我国几千年历史当中，因为中草药、中草药植物和人们的生活密切相关，所以历来就被文人墨客写入诗文之中，我们通过读这些诗词，还能了解不少中草药的知识。让我们一起来吟诗识草药。

2. 从旧知到新知。(1)出示诗词，吟诵赏析。出示《诗经·芣苢》《金银花》，在吟诵诗文中进一步认识车前草、金银花两种中草药植物的特性。(2)出示特例，感受草药魅力。出示《生查子》，找找出现了哪十味草药的名字，拓展了解陈亚是一个既精通医药又多才多艺的诗人。(3)课外链接，进一步热爱中草药。搜集并抄录两首以中草药为题材的诗词，阅读《山居杂兴》之一，写出画线中草药的药用价值，找出隐藏在《山居杂兴》之二中的中草药名称。

通过这样链接生活，新旧相连，使学生明确主题的同时，对这一主题探究葆有浓厚兴趣，为"触类旁通"式学习打好坚实基础。

(三) 拓展迁移，方法应用的变式性

1. 头脑风暴，大主题不断切分。随着学习的不断深入，学生们的想法越来越多，在课上，朱老师充分抓住这一学习契机，与学生共同商讨：身边的哪些事物中还包含中草药文化？一石激起千层浪,学生纷纷响应。讨论交流下来,共形成七大探究小主题：花草入古诗、花草入对联、花草入人名、花草入路名、花草入故事、花草入美食、花草入丹青。

2. 迁移运用,探究形式多样。小主题确立后,学生分别根据自己的研究志趣选择一个或几个主题进行研究。有充分借助网络查找资料的,有图书馆借阅书籍的,有三两一起参观中草药博物馆的,也有亲手种植薄荷、莲子的,还有不远千里让亲朋好友吟诗作画的,可谓"八仙过海,各显神通"。探究形式多样进一步激发学生对主题的发散思考,不断有学生提出还可以有"花草入音乐""花草入城市""花草入历史""花草入世界"等主题,也陆续有学生开展新一主题的研究。

探究兴趣高涨使探究主题进一步丰富的同时,也让学生体会到一种研究形式的可能性途径,即：广泛查找资料——不断应用验证——深入思考提升,正是这一解决问题的思路,使学生能够举一反三,在新主题下有的放矢地开展自主研究。问题探究与解决思维路径的获得,为"触类旁通"式学习扫清了障碍。

3. 自主合作,成果表现纷呈。在研究过程中,对绘画有共同志趣的学生自愿结合在一起,探究"花草入丹青"主题。在小组合作汇报中,有的学生创作一幅字,字中有草药名,有的学生绘制一幅荷叶图。在"花草入故事"的主题探究中,学生更是带来了精彩的讲故事大赛。不仅讲得头头是道,而且还将中草药植物的认知进一步深厚起来,令人刮目相看。在"花草入对联"主题探究中,学生仿照古人,进行了一次对对联活动,在"蒲叶桃叶葡萄叶,草本木本；梅花桂花玫瑰花,春香秋香"中进一步感受草药入诗文的魅力。学生们还找到大量诗文,从《爱莲说》到《江南》再到《采莲曲》,每一首(篇)都令人投入。

(四) 过程评价,深度探究的热情性

有学生自始至终围绕一个主题开展探究,也有学生来回于许多探究主题中,还有学生不断提出新的探究主题并不断投入。在评价中,以能够围绕一个主题并开展深入探究为"标准",鼓励学生不断运用"积累——验证——提升"的学习方式,体会到"触类旁通"的学习乐趣。在评价中,不以探究主题的数量为指标,而是以学生在探究过程中的投入度、创新性、兴趣维持度为指标,综合考量学生的探究成果。

在过程性评价中,学生开始慢慢理解"诗人与所赞美的植物(与种草有关联)",在品行上和谐统一的观点。师生会主动搜集相关知识并相互补充一些最基本的文化常识(比如"左右"问题等)。在探究中,朗朗诵读声不绝于耳。学生寻找到一些与莲花、金银花等有关的药方来"考验"老师,不断有教学相长在发生,可谓一举多得。

四、"触类旁通"的注意事项

尽管"触类旁通"式学习充分使学习与乐趣相关联,学习与兴趣相结合,但并非所有的主题都适合,需要注意几个基本事项。

(一)找到新旧知识之间的结合点

"触类旁通"能提高学生解决问题的能力,发展学生的创造力解决问题。就是利用头脑中已有的知识和经验去分析新问题,找到新旧知识之间的结合点,从而去了解新问题,解决新问题。这一过程的关键就是找到新旧问题之间的联系,把头脑中已有的知识经验运用到新问题的解决过程中。因此,学生解决问题的能力及创造力与其原有知识经验的迁移水平是密切相关的,学生学习迁移能力的提高,会增强其解决问题的能力,提高学生的创造力和创作力。

(二)将学习经验概括化、系统化

"触类旁通"目的是要把已有的知识经验运用于解决新问题的过程中,而不是简单地将知识存储于头脑中。通过广泛的学习迁移,不仅能够巧妙地利用已有的知识经验来降低解决当前问题的难度,而且还能通过新的学习对已有知识和经验进行改造和重组,使已有的知识得以系统化和完善化,从而在大脑中形成一个稳定充实的知识网络结构,既有利于已有知识经验的稳固,也能使新的知识更好地融入已有的认知结构中,对学生的学习进行系统有效的调节。

(三)教学要合理利用迁移规律

教师在教学准备和实施过程中,合理地利用迁移规律来设计教学方法,安排教学活动,使整个教学过程做到举一反三,触类旁通。这样不仅加快了整个教学进程,而且有助于教师把教学经验迁移到新的教学中去,提高教学效率。教师还要指导学生在学习中有效地利用迁移规律,建立新旧知识的广泛联系,形成一个系统的知识网络,使学生能够更好地适应新的学习情境的变化,利用已有的知识经验来理解和掌握新知识,增加学生的主动性和积极性,提高学习效率。

(撰稿者:江晓雪)

创意 1-2 ‖ 不拘一格：在"融合"中获得发展

跨标准之界本质上是以儿童成长发展为标准，儿童成长发展是课程的最高旨意。跨标准之界的"界"即是否基于学生出发，是否基于学情考量，是否是根据学生的活动而不断变化的，摒弃基于教材或基于教师、脱离儿童经验，以及绝对标准。因此，在课程资源的使用上，我们要综合利用多方面资源，而不能局限于教材这一单一的课程资源维度。应对课程资源的开发进行不断完善，逐渐形成有机整体。

一、"不拘一格"的理念和意义

"不拘一格"原意是指不局限于一种规格或一个格局，在这里是指在配套教材的使用上，可以在原有教材基础上，跨越单一资源的界限，摒弃"绝对标准"，不仅仅拘泥于中草药教材。根据学生的认知特点、心理特点和教学实际情况，教师也可以根据自己的任教情况，将不同学科资源中与所学中草药课程相关的内容和学习方法进行整合。进一步跨越"绝对标准"之界，进行各种课程资源的多维整合，不仅要着眼于配套的课程资源，还要放眼于配套之外的资源，如生活中资源、网络学习资源等。

"不拘一格"的教学方式对于学生的学习来说有如下重要意义：

（一）有助于更全面地理解学习内容

教材是一个整体，但大多数时候，因教学课堂的片断化和间隔性一课一课上，一课一课学，致使学生所学的知识碎片化，长此以往，会形成学生的零散性思维方式。同时，在我们的日常教学中，学科课程和教材以分门别类的方式组织和编排，而学生的现实生活却是完整的，这种课程上的人为割裂，造成学生认知结构的支离破碎，不利于学生综合能力的培养和发展。

如何才能使学生在学习后将这些零散的知识碎片组合起来，理解、内化，从而形成较为完整的认知？我认为，在中草药这样一门综合性探究学科的学习过程中，可以帮助学生进行知识结构的建立。教师在教材处理过程中，可以结合自身专业特长，在原有教材基础上重新组织学习内容，适当地删减或者添加，涉猎多学科，将多学科教材有机整合起来，帮助学生在头脑中形成各学科知识的知识结构。

（二）有助于培养信息搜集能力

现代社会是信息社会，要求人们具有搜集、整理信息的能力。《基础教育课程改革纲要（试行）》指出："倡导学生主动参与、乐于探究、勤于动手，培养学生搜集和处理信息的能力、获取新知识的能力、分析和解决问题的能力以及交流与合作的能力。"

学生的学习不应单单是课本知识的学习，而是应该在更广阔的天地中学习。课前，教师可以布置一些简单的资料搜索任务，指导学生可利用多种信息工具和信息资源（如实验用品、书籍报刊、图像影像、多媒体电子读物以及网上信息资源等）来收集自己所需要的各种信息。在这一过程中，学生不仅能得到教师的帮助与支持，而且学生之间也可以相互协作和支持。通过这样的方式，学生不但学习和体验了搜集整理信息的过程，而且培养了综合性学习的能力。

（三）有助于丰富学习体验

小学生活泼好动，中草药学习的内容又丰富多彩，因此，我们的教学不仅仅只立足于教材，更要充分利用学校、家庭、社会等教学资源，拓展学生的学习空间。充分利用学生周围现代的、开放性的资源，不仅可以使课堂更贴近学生的生活，加强课堂与社会实际的联系，而且能够让学生感受多方面的信息刺激，使学生身临其境，调动学生的多种感官参与活动，丰富学生的学习体验。

（四）有助于培养探究能力激发的兴趣

跨越"绝对标准"的界限，让学生体会到，中草药学科的学习不仅仅只学习到了中草药知识。每一门课程都有其独特的特点，基于不同学科教材内容，授课方式也多样化。学习内容紧密相连，具有不同学科特点，一个内容接一个内容，活动形式也更丰富，孩子们的学习兴趣也不易丢失，反而会更加有兴趣地去参与、完成。

摒弃基于教材或基于教师、脱离儿童经验，以及"绝对标准"对课堂教学的限制。学生通过利用学校、家庭、社会等教学资源，充分体验到了探究的过程和乐趣。这样丰富的体验，激发了学生的学习兴趣，学生就会更积极主动地投入到探究学习中，在很大程度上调动了学生的学习积极性，使学生更乐于探究。

综上所述，"不拘一格"，跨越"绝对标准"的界限，跨越"绝对标准"对课堂教学的限制，利用学校、家庭、社会等教学资源，有助于学生理解学习内容、丰富学习体验、激发学习兴趣，潜移默化地培养学生综合学习能力。

二、"不拘一格"的教学操作

跨"绝对标准"之界并不是随心所欲地改编教材。因此，在课程资源的使用上，我们需要把握教材核心内容，以学生的发展为本，在教学中突出学生主体地位的实现，培养学生的创新精神和实践能力;要满足学生的需求,能够按照学生的实际情况和实际水平整合教材内容,或改进或补充,或化难为易,或化繁为简等,使整合后的教学内容与学生的发展一致,提高学生的整体素质;结合校园、家庭、生活中的学习资源,丰富学习体验。

具体操作框架如下:

(一) 各科教材知识整合

学科之间的知识相互渗透,相互制约,互为基础。教材的整合,不应仅仅局限于某一个知识点,而应立足于整体,可以拓展到一个模块或单元、一册书,乃至整个小学教材,让学生从整体上掌握,充分发挥整体结构的功能。比如:叶类中草药除了药性的区别,形状(自然)、颜色(美术)等区别,还涉及不同学科不同年级的教材内容。

1. 联系自然学科资源

沪教版小学自然一年级的教材中第四单元第三课《形形色色的叶》,本课通过观察叶片颜色、形状、大小等方面的不同,让学生进一步感知植物的叶是形形色色的。通过比较不同形状叶片的大小,培养学生发现问题、解决问题的能力。在《有趣的中草药叶子》知识的学习过程中,将中草药教材学习内容和自然教材相联系,从学生最容易观察、最熟悉的角度——颜色、形状、大小入手,通过学生喜闻乐见的活动、形式——涂色、想象形状像什么、比大小,引导学生仔细观察,从而发现植物的叶不仅颜色、形状、大小不同,而且气味、叶的边缘、叶面的光滑程度及叶脉等都是不同的。结合自然教材中的比较方法,可以借助透明方格涤纶片比较叶的大小,也可以将两片叶分别折叠相同的次数后再作比较,帮助学生进一步体会到叶片的大小不一。丰富有趣的内容和活动,大大提高了学生的学习兴趣和积极性。

2. 联系美术学科资源

艺术教育是素质教育不可或缺的组成部分,提高学生的艺术修养,能对青少年起到提高审美修养、丰富精神世界、培养创新意识,促进其身心各方面和谐全面发展的作用。将中草药教材和美术教材上有关内容联系起来,将艺术带入中草药课堂,使学生感受到中草药植物之美。

结合浙教版第18课《画画叶子》和苏教版小学美术第七册《树叶粘贴画》这两课相关的教育教学内容,在中草药课堂中丰富活动。通过观察、欣赏叶子、画一画喜欢的叶子,使学生初步了解叶子的基本结构,感受不同形状、色彩、纹理叶子的不同美感,提高学生的审美能力,以及细致观察、耐心记录的特点。通过掌握树叶粘贴画的方法,能选择不同形状和颜色的树叶,贴出自己喜爱的动物,寻找生活中的美,挖掘生活的美,培养学生热爱大自然、热爱生活的情感,以及形象思维能力。

"不拘一格"在中草药教材基础上,整合其他教材的学习内容,丰富课堂活动,完善学生知识模块,让学生感受大自然的多彩,感受到中草药叶子的美丽,培养对中草药植物的兴趣。

(二) 学习方法的贯通

各学科的学习方法在一定程度上都是贯通的,中草药课不只是枯燥的中医药知识的了解,中草药学科作为一门综合性的探究学科,在学习和探究的过程当中自然需要运用科学的探究方法。在教学中,教师可以借鉴其他学科的多种教学方法。如美术学科中经常让学生通过利用不同的树叶进行贴画。在中草药教学中,同样可以借鉴美术学科中的这一方法,让学生进行标本贴画的制作。这样的授课形式更进一步使学生感受中草药之"美",使他们对中草药学科产生更浓厚的兴趣。

在《叶类中草药》这一板块的学习当中,结合一年级小学自然在科学探究方面的主要要求——有计划地通过感觉器官直接认识自然界的事物和现象,引导学生分别单独运用5种感官认识物体,激发学生的好奇心和求知欲,从而探索综合运用感官认识物体的方法。指导学生通过眼、口、鼻、手从形状、颜色、口味、气味、触感等方面直观地感受到中草药叶片的丰富多彩。如叶的颜色是多种多样的,有红色、绿色、黄绿相间等,绿色居多。各种绿色也是不一样的,叶片的形状也多种多样,有的像手掌,有的像针,有的像蛋等。可直接使用的部分叶类植物的味道也是不一样的,有的清香,有的有独特的气味,有的甜,有的苦,叶子的边缘和叶面的光滑程度也是不同的等等,使学生在潜移默化中掌握科学探究的一般方法。

(三) 生活资源的引入

新课程改革开展以来,积极倡导自主学习、探究学习和合作学习。其中,自主学习是探究学习和合作学习的基础。培养学生自主学习的能力,对促进学生的主动发展和全面发展尤其重要。

自主学习要求学生具备一定的自我学习能力,而学习资源的获得是提高自学能力的一个重要方面。学生大部分的学习资源来源是"教材",极大地制约了学生学习的自主能力。学校、家庭、社会等课外学习资源可以扩宽学生的知识面,有助于学生学习和成长。

三、"不拘一格"的教学案例

《有趣的中草药叶子》是我校中草药植物探究教材一年级《中草药植物探究》教材的其中一个板块,活动有:叶子形状知多少、中草药叶子大搜索、中草药叶子粘贴画、认识中草药叶子标本、中草药植物叶子的采集、中草药植物的压制,以及中草药叶子标本的制作、展示与评价,内容相当丰富。

(一)确定研究对象和内容

在平时教学过程中,一年级的学生常常会在上完课后问一些和教学内容没有紧密联系的问题。比如在上完《形形色色的叶》这一课时,学生问道:"叶子除了大小、形状、颜色不一样,还有什么不同的地方吗?"这个问题给了我启发,在同样执教的中草药课程中是否能进一步帮助解决他们的疑惑?故以"形形色色的叶类中草药"为主题,根据学生的认知特点、心理特点和教学的实际情况,联系多学科教材,展开进一步研究。

通过讨论决定从叶子的颜色、形状、气味、味道、触感、药用价值这六方面进行研究。

(二)多途径查阅资料并交流

首先,现代社会,风云变幻、瞬息万变,每一个人都生活在千变万化的信息之中。收集信息和处理信息,在综合实践活动发展学生的能力中占着重要的地位。教师向学生提出指向性明确的信息收集与整理任务,促使学生根据任务有计划、有目地进行信息收集,选取有价值的信息。大部分学生利用双休日和课余时间从互联网、植物馆、图书馆、植物展览等选取和收集信息。

其次,学校中的植物种类丰富,一年级小学生对于学校的环境仍然有非常大的好奇心,基于这样的情况,安排学生利用课余时间参观校园,进行落叶收集活动。学生对于落叶收集活动的热情高涨,通过落叶认识了许多植物,同时这个落叶又能作为课堂活动中的素材。

一个人的能力是有限的,所收集到的信息也是有限的,创设交流、合作的氛围,让学生进行资源共享。引导学生把自己看到的、听到的、想到的通过各种形式与同学进行交流,得到新的收获。通过查找资料、走出课堂、教材之外的补充学习,学生在教师的引导下真正融入中草药的自主学习中。

"不拘一格"跨教材之界,学生们利用学校、社会资源,在父母的帮助下,同伴的合作下,认识了叶的颜色、形状、气味、触感各不相同。

(三) 课外持续的学习

学校位于张江,周边的上海中医药大学有着非常丰富的中草药学习资源,如中草药博物馆、草药园等。同时,有一部分家长从业于中医药教学、医药、药剂科研等相关的工作,拥有专业的医药知识。在教学过程中合理利用家长资源,邀请家长开设小讲堂,为孩子们介绍叶子的药用效果。鼓励孩子们走出教室,和爸爸妈妈们一起参观中医药大学,孩子们对小讲堂和参观这两个活动印象深刻。鼓励孩子们跨越教材的限制、课堂的限制,进一步贴近生活,感受生活,利用家长、社会资源进行后续的学习。

四、"不拘一格"的注意事项

(一) 基于标准,尊重教材

课标是落实教学目标,实现教学计划的重要载体,也是教师进行课堂教学的主要依据,整合教材不能完全脱离教材,毫无章法、天马行空的创造。教师应把握好尊重教材与灵活处理教材的关系,做到源于教材,又不拘泥于教材。只有在尊重课标的基础上,正确地把握教材,用活教材,创造性地使用教材,才能使我们的教学更有效。

(二) 以学生为主体

课堂教学首先要把学生放在主体地位,即学生是第一位的。学生与学生之间存在着智商差距、基础差距、接受速度理解能力的差异,学习方法和习惯也各不相同。从实际出发,按着学生认知规律组织教学,让学生充分参与活动、体验活动,在学习实践中体验到进步和成功的快乐。

总而言之,"不拘一格"就是摈弃"绝对标准",跨越单一教材的界限,不拘泥于中草药教材,而是根据学生的认知特点、心理特点和教学的实际情况,将不同学科教材中与所学中草药课程相关的内容和学习方法进行整合。跨越教材对课堂教学的限制,进行各种课程资源的多维整合,不仅要着眼于教材这个重要的课程资源,还要放眼于教材之外的资源,利用学校、家庭、社会等教学资源。充分考虑到儿童发展的差异,在保证基本要求的前提下,体现一定的弹性,以满足儿童的不同需求,使不同的人得到不同的发展。

(撰稿者:汤佳雯)

第二章
跨教材之界：在课程实施中寻找平衡点

　　从某种意义看，课程是一种未决的课题，是学习过程中的生成。教材是课程物化的结果，是帮助学生寻求真知的工具和资源。课程实施可以跳出教材的逻辑范畴，可以根据心理逻辑重组包括教材在内的一系列资源，通过贯通、建构、增补、赋境等处理，帮助学生建构属于自己的认知世界。

创意 2-1‖　旁逸斜出：不拘教材的个性化学习
创意 2-2‖　牵线搭桥：不同教材间的融会贯通

毫无疑问，课程不只是反映和传递人类的文化遗产，还必须反映现实生活中未解决的课题；使学生在解决课题的过程中参与知识的创新；教学活动也不只是课堂上的理论讲解和实验室的操作，还必须让学生到真实的世界中获得各种切身体会和解决现实问题的能力。

教材是课程形成之后应运而生的，是课程物化的结果，是一种帮助学生寻求真知的工具，课堂教学的真正目的从来就不是简单地学习教材，而是要通过教材这种教学的辅助手段、教学内容的载体，来提升学生的学习能力。学生在课堂中的成长，不是知识掌握了多少，而是通过学习知识的过程，让能力得以培养、素质得以提升、智慧得以开启，这才是真正的成长、有效的成长。

这意味着，作为教师，掌握教材不再是课堂教学的目标，教学也可以跳出教材自身的知识逻辑，根据学生学习的心理逻辑来重新组合包括教材在内的一系列教学资源。教师成为学生学习的帮助者，跨教材之界，通过对教材的重组与重构，来帮助学生寻求真知，建构属于自己的知识结构。

正是认识到了教材的本来意义，为了满足学生不断增长的学习需求、发展需要，我们的老师在《中草药探究》校本课程中已经不遗余力地进行了实践，总结出以下几类跨教材之界，优化课堂教学实施，引导学生深入探究的途径：

其一，重组教材内容。即突破教材原有组织方式，根据活动主题，选取教材中不同部分的相关内容，进行重新组合，建构一条明确的探究主线，展开多角度的综合实践探究。

其二，贯通不同教材。从不同学科的教材中选择主题相同或相近，内容相关度较高，所涉及的学习对象认知水平相同或相近的内容进行横向贯通，让学生能够从多个角度实践体验，深度学习。

其三，增补教学资源。从学生的立场、角度思考，结合校内外的相关资源，对教学内容进行内容上的增补、方法途径上的增补，满足学生日益增长的学习需求。

其四，赋予实际情境。对教材中与现实有出入的内容进行改编，结合生活实际给予学生运用中草药解决实际问题的时空，让学生明了学习的真正目的是"为用而学"；为学生的学习赋予一定的生活化问题情境，引导学生"学了就用"。

教材就这样从无到有，再从有到无，这个过程中老师们尊重教材原有设定，也尊重学生的诉求。从学生的立场、角度思考，使得教材与师生产生多边、多重互动，在不断的改进中提升教学实效，受到学生的欢迎，实现了学生学习兴趣与学习能力的双赢，同时,也使校本课程得到拓宽和延伸。

在"蓝本"与"文本"之间找到结合点,在"教教材"与"用教材"之间找到平衡点,这条路还很长,我们将不断摸索前行,永不停步。

(撰稿者:夏伟婕　娄华英)

创意2-1‖ 旁逸斜出：不拘教材的个性化学习

教材是根据一定的学习任务，编选和组织的具有一定范围和深度的材料，是教师和学生进行教学活动的主要依据和范例，但并不是唯一的教学资源。我们不能将课堂教学依赖于一本教材上，而是应当以引导学生寻求真知为目标，综合分析现有的教材，并结合学生的学习情况和自己的教学实际条件，从而以超越教材的方式来"用教材教"。"旁逸斜出"有不循常规、突破原有框架之意，在这里指跨越教材界限，围绕教学主题整合多种教学资源，挖掘教育内涵，引导学生深度学习的跨界学习活动。

一、"旁逸斜出"的理念和意义

教材可以看作是课程的一种文本化呈现形式，但并非是唯一的呈现形式。同一门课程的教师，手中的教材是千篇一律的，蕴含着整齐划一的教育需求，然而具体的教育情境、教育对象却是多样的、有差异的，与教材的预设或多或少有着距离。这就需要教师以开放的心态看待教材，根据具体教育情境、教育对象的特点与需求，跨越教材界限，围绕主题对教材内容，或重组、或删减、或补充，将教材作为教学的资源、工具之一，与其他教学资源进行整合。通过这样的"旁逸斜出"建构集中而深入的教学活动，构成具有开放、多元、灵活、创新特点的课程。"旁逸斜出"对于学生的学习来说有如下重要意义：

（一）不拘泥于教材，拓宽学习视野

教材一般是由具有丰富经验的编者编写，会选择较为典型和优质的资源，所呈现的内容具有广泛性和普适性，又经过了严格的审核和修订，专业性、科学性较强，在指导教师开展教学实践、指导学生自主学习方面都起到了"课程范本"的作用。但"现实往往比书本更精彩"，如果只把眼光盯住教材，而不顾及具体的校情、学情，那么，视野只会越来越窄，思维也会趋于僵化，千篇一律的学习内容和学习过程显然不利于学生个性化发展。"旁逸斜出"意味着基于教材，又不拘于教材，根据实际情况对教材做适当的改变，可以让教师在教、学生在学的进程中，均充分地发挥积极性、自主性和主动性，视野更开阔，达到"从心出发，以人为本"的教学境界。

(二) 挖掘主题内涵，开展深度学习

所谓深度学习，可以理解为立体化学习。即引导学生开展围绕某个主题的、内容集中而深入的学习活动，跨学科、多角度、多层次地探究，以融会贯通的方式对学习内容进行自主组织，建构出整体的知识结构，理解学习的意义所在。而这样的学习不可能仅仅遵照教材，必须跨越教材界限，将包括教材在内的多种教学资源进行整合，多角度、多层次地挖掘主题的内涵，才能真正实现深度学习。可见，"旁逸斜出"，跨越教材界限，是开展深度学习的重要条件之一。

(三) 结合周边资源，丰富学习经历

教材是正规的、权威的，然而也是有限的，而学习资源却是可以无限延伸的。特别是在互联网时代，突破教材局限，对周边资源以及新技术的有效利用，可以使有限的正规教材和无限的学习资源充分地配合与对接，极大地开阔和丰富了教学双方的思路和精力，激发他们前所未有的教与学的热情和智慧。

(四) 联系日常生活，凸显学习价值

脱离日常生活的、孤立的学习是缺乏价值的。对孩子来说，以教材为中心，为学习而学习也令他们感到乏味。只有"旁逸斜出"地开展教学实践，将学习内容与日常生活联系起来，将新涉及的知识内容与已有的生活经验结合起来，才能激发课程的"灵性"，让学生意识到学习体验和知识能力迁移的乐趣，才能使教学双方都能在有"灵性"的教学过程中得到启发和激励，获得继续深入探索的信心与活力。而一板一眼地遵循教材，无法激发"灵性"，必须钻研教材，找到教材内容与实际生活的融合点，才能碰撞产生"灵性"。

综上所述，"旁逸斜出"，跨教材之界，使得教材成为教学资源之一，让师、生、教材得以平等地开展对学习内容的解读、交流、互动，使教学在此过程中不断得到新的生成与转化，获得了强大的生命力。

二、"旁逸斜出"的教学操作

课程不只是反映和传递人类的文化遗产，还必须反映现实社会未解决的课题，使学生在解决课题的过程中参与知识的创新；教学活动也不只是课堂上的理论讲解和实验室的操作，还必须让学生到真实的世界中去获得各种切身体验和解决现实问题的能力。而"旁逸斜出"，跨越教材界限，是达到这一目的的有效途径之一。

(一)"旁逸斜出"的操作框架

"旁逸斜出"提倡跨越教材界限,但并非是不理教材、天马行空。而是以教材为依托,基于课程标准、教学对象、实际教育情境及教师自身教育哲学的"课程重构",有选择性地使用教材,进行必要的重组、扩充、联系,让学习内容不再孤立和碎片化;而是围绕主题,自成一体,让学生经历相互之间有密切联系而又有不同侧重点的学习内容,帮助学生形成关于某一核心概念相对完整系统的知识结构脉络,并在这一过程中逐步培养学生的科学思维和能力,培育持之以恒的科学探究精神。具体操作框架如下:

1. 重组

突破教材以学科划分单元,每个小单元中学习多种中草药植物的内容组织方式,确定一种较为典型的中草药植物,选取教材各单元中的相关内容,进行重新组合,建构一条明确的探究主线(如历史文化——种植采集——动手制作——实际运用),展开多角度的综合实践探究。

2. 扩充

分析重组后的教学内容,了解学生的实际需求,结合校内外相关资源,对教学进行内容上的扩充、方法途径上的扩充。如利用校内种植园地,将教材中短期的豆类发芽体验活动延长数月,引导学生在种植园地开展豆类的播种、发芽、育苗、养护、观察开花结果过程及采集果实等活动,扩充教材原有的种植活动内容;再如,利用校外中药生产基地,为学生创设条件了解现代中药研发、制作、生产流程,对教材中中药制作方面的内容作补充,使学生能够深入地了解现代科技对中医药发展的影响。

3. 赋境

结合生活实际给予学生运用中草药解决实际问题的时空,让学生明了学习的真正目的是"为用而学";为学生的学习赋予一定的生活化问题情境,引导学生"学了就用"。

通过以上方式,建构学习内容,形成一系列主题明确、有意义、有层次、循序渐进的课程序列,如下图所示(见下页)。

(二)"旁逸斜出"的学习特征

1. 发展性。"旁逸斜出"从表面上看,是通过一系列有关联的活动,使得学生能够围绕一种中草药植物形成较为合理、完整、开放的知识结构脉络,形成整体性的认知。但从更深层次来说,它不纯粹强调实践的实际产品,更注重的是学生通过自主实践体验,建构知识结构的过程,进一步发现和感悟到学习事物、规律,建构科学概念的方法

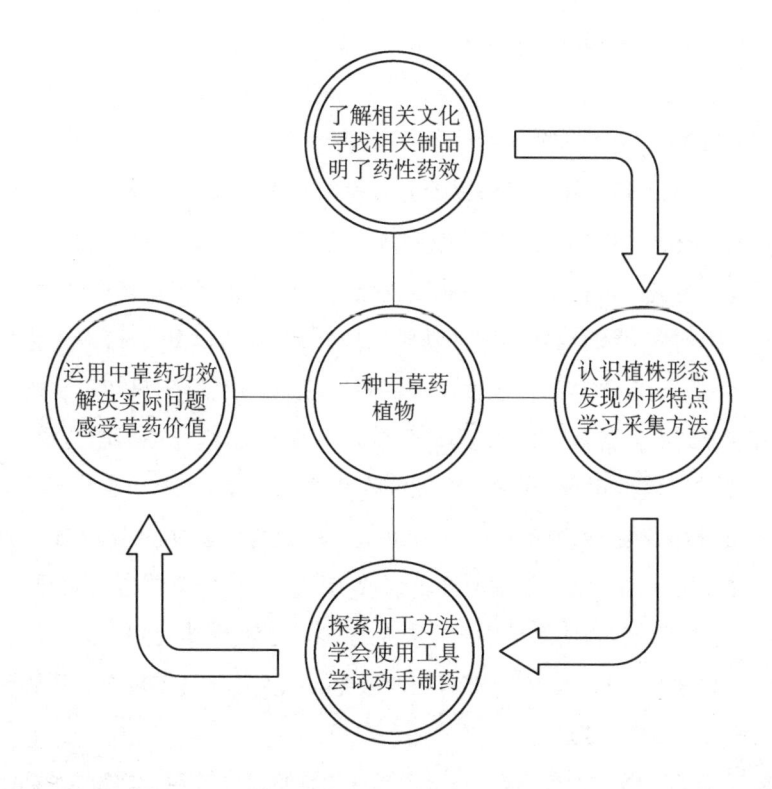

[图示：以"一种中草药植物"为中心，四个方向分别为：
- 了解相关文化 寻找相关制品 明了药性药效
- 认识植株形态 发现外形特点 学习采集方法
- 探索加工方法 学会使用工具 尝试动手制药
- 运用中草药功效 解决实际问题 感受草药价值]

或模式，并运用到自主学习过程中，获得能力发展和情感升华，发展自主学习能力，形成终身学习的态度和价值观。

2. **聚焦性**。"旁逸斜出"，跨越教材之界，意味着所组织的教学活动不限于教材以学科或活动形式区分的单元与课时，而是聚焦于"建构整体认知"的学习目标，突破教材的时间与空间限制，围绕一种中草药组织不同角度、不同层次的学习内容、学习资源、学习方式等等，给予学生充足的探究实践的时空，帮助学生形成对这种中草药的整体了解，建构较为完整的知识脉络。

3. **综合性**。"旁逸斜出"强调以学生的经验、社会实际和社会需要为核心，以主题形式对课程资源进行整合，在活动时空上向自然环境、学生的生活领域和社会领域延伸，密切学生与自然、与社会、与生活的联系。它不是对学科知识的综合，也不是跨学科的综合，而是对学生生活领域和生活经验的综合。

总之，"旁逸斜出"是以学生的现实生活和社会实践为基础发掘教学资源，并非在学科知识的逻辑序列中建构课程。是以活动为主要开展形式，强调学生的亲身经历，引导学生在"动手做""考察""实验""探究"等一系列活动中发现和解决问题，体验和感受生活,发展实践能力和科学精神。

三、"旁逸斜出"的教学案例

《艾草小探究》是我校中草药植物探究教材四年级"闻香识草药"这一单元的其中一课,活动有:收集艾草制品、了解艾草功效、调查艾草使用方法;除此之外,本单元中还包括《藿香小探究》《薄荷小探究》《花草入佳肴》,内容相当丰富。但经过调查发现,由于内容较多,时间有限,导致实践活动难以展开,常常是以PPT讲解来代替。经过一单元的学习后,这些中草药很快就在学生的生活中淡出,学生只知道学过这几种中草药,但却说不出所以然来,更无法形成系统认知。可见,浮光掠影般的学习,使得知识、能力、情感态度呈碎片化,学习的有效性降低了。

为改变这种低效的学习状况,我在开展这一单元的教学时,决定突破教材原有框架,将原本是学习不同中草药植物的四节课改为围绕一种中草药植物展开的四节课。考虑到学校的中草药科普实践馆中原本就备有许多艾草,馆中可用于艾草加工制药的工具也很完备,因此就确定了"艾草"为四节课的探究主题。具体教学过程如下:

(一)日常生活中的艾草

课前,我请学生做个生活小调查,寻找生活中常见的艾草用途实例,如果找到的是实物,请带来课堂交流介绍,如果无法带来实物,也可以做PPT来介绍。四年级的孩子已经具备了一定的搜集整理资料的能力,非常乐于参与这个搜集活动,上课前我便看到,孩子们的搜集成果五花八门:有艾条、艾灸盒、干艾叶、艾草枕、艾叶蚊香,甚至还有孩子专门做了PPT介绍清明节食用艾草青团、端午节门悬艾叶辟邪的传统风俗。

正式开始成果交流前,我给全班每个同学安排了一个小任务:写出同学们介绍的所有艾草用途实例,并试着把它们分分类,做一张《艾草用途表》(见下图)。

艾草用途表	
类别	实例

交流和分类的活动,教材中并未呈现,是我另外增加的。通过这样一个任务驱动的方式,全体学生都投入地听取成果介绍,认真地记录和思考,不时还与台上的同学互相交流。活动后,大家的分类方法也各有千秋:有的将艾草用途分为日用品类、食品类、药品类;有的按照物质形态的不同将用途分为磨粉类、燃烧类和泡水类……不同的分类方法折射出的是学生独立思考能力的发展。在听取了大量艾草用途介绍后,孩子们的好奇心"噌噌"往上涨,都想试试这些用途的实际效果,虽然在现有环境下难以一一尝试,但孩子们宝贵的求知欲应尽量满足。于是,我帮助他们点燃艾条和艾叶蚊香,使大家能够感受到艾叶燃烧的效果,又鼓励带艾草枕来的同学打开艾草枕,让有兴趣的同学轮流枕一会来感受。对于一些不方便即时体验的艾草制品,我则请同学们通过阅读产品说明书,或在电脑上当场查阅资料来了解其药性药效。这个活动吸引了全班所有的同学,一些平时胆小内向、不愿和大家合作交流的孩子也许是受到了班级气氛的感染,也渐渐离开座位,到各处去感受、体验艾草制品。宽松、自主的实践活动受到了大家的欢迎和响应,孩子们都乐于参与,有所收获,对艾草用途、药效的认识在活动中逐渐增长。

（二）自然界中的艾草

经过以上活动,孩子们对艾草的探究欲望完全被激起,被点燃,都想认识一下这种神奇的中草药到底长什么样。于是在第二课时,我们就专门来认识自然界中的艾草。可是,校园中没有种植艾草,怎么办呢？这时,我想到附近中医药大学的百草园,百草园中长有许多艾草,是否可以利用这一资源？我与中医药大学负责老师商议,她欣然同意。于是,我们的课程又多了一项资源——百草园。

为了让孩子们对艾草有个大致印象,我事先分发给每个孩子一组新鲜艾草的照片,请他们先自己在百草园中寻找艾草,找到了就请老师来确认。这项类似"寻宝"的活动激发了他们探究的热情,只见他们三个一组、五个一群,认真地将照片与植物相对照,一个个地辨认着。很快,便有火眼金睛的孩子找到了艾草,啊,这么快找到,一定有什么秘诀吧！我赶快请他把秘诀记在自己的小笔记本上。其他同学也陆续发现了艾草,同样地,我也请他们把各自的辨认秘诀记录下来。

"寻宝"活动结束了,有成功找到的,也有还没找到的。先别气馁,一起来听听同学辨认的秘诀是什么。我先请几位同学分别来介绍自己辨认的个性化方法,然后安排他们各带几个还没成功辨认艾草的同学,一起再去辨认。经过这样反复观察、认知活动,大家对艾草的生长型态、外形特点都有了形象而深刻的认识。许多孩子甚至达到了一眼就能认出艾草的地步。不过，又有孩子提出了新的问题："我发现自然界中的艾草并没有艾草制品这么浓的气味呀！为什么艾绒、艾条有这么重的药味呢？"看来，孩子们对艾草的探究兴趣越来越深入了，并且，这也成为了第三课时的引子——艾草经过怎样的加工才能变成有强大药效的艾绒、艾条？

（三）艾草的加工制作

认识了自然界的艾草，"这绿绿的，没什么特殊气味的艾草是怎么变成气味浓重的药材的"这个问题就时时萦绕在孩子们心头。中草药科普实践馆中，既有干艾草、药筛、捣药筒，还有专门加工艾草的艾条机，这不正好可以满足孩子们的学习需求吗？于是，第三课时，我们又把学习场地换成了中草药科普实践馆。

制作艾条的步骤比较繁复，工序也比较复杂，因此，我将班级同学分成各个小组，小组成员相互合作来完成任务。第一步，是认识各种工具和使用方法。药筛和捣药筒的使用方法较为简单，我以自己演示加小组成员轮流尝试的方法教会了孩子们。而艾条机的使用方法较难理解，我首先分发了使用方法说明，让孩子们对照艾条机实物来认识各个配件，然后利用视频演示使用方法和过程，又为学生提供了事先准备好的艾绒，请小组成员配合，尝试用艾条机来卷制艾条。一开始，没有小组成功，有的卷歪了，有的卷得过粗，有的根本没卷起来。"不要紧，可以先观察一下自己的卷制过程，和视频演示对比一下，看看哪里出了问题？"我提醒他们。

经过小组内部讨论和查找，他们都发现了失败的可能原因：卷歪了是因为卷制时双手用力不一致；卷粗了是因为卷纸轴过松，绕紧点就好了；没卷起来是因为轴装错了……随着一次次的失败、寻找原因、再尝试，孩子们对使用艾条机越来越有心得，成功的概率也越来越高。最后，每个孩子都做成了一个属于自己的艾条。那么，这个作品能发挥它的作用吗？

（四）艾草的实际应用

在学习了艾条的制作方法后，我请孩子们思考并讨论：制作艾条的本领在生活中有实际作用吗？他们很快就想到，新建的美术室周围蚊蝇很多，影响了校园生活，听说燃艾熏蒸既能驱虫，又能杀菌，大家都想看看实际效果。于是大家立刻开动起来，经过反复多次的过筛、研磨、搓捻成型，每组同学都制成了艾条。熏蒸艾条需要容器，孩子们又想到了利用实验室的香炉。大家捧着自己的劳动成果来到美术室，点燃香炉里的艾条，一段时间后发现蚊虫确实变少了，看到自己的成果有了实际价值，大家别提有多高兴了！而艾柱驱虫的功效，艾草的宝贵价值也已深深刻在孩子们心中。突破教材界限,将校园生活中遇到的问题作为教材内容的补充,整合入教学活动中,让孩子们真正感受到原来学习、思考、实践可以让生活更美好,不仅对艾草有了深刻认识,更于无形中激发了进一步探索中草药的兴趣。

四、"旁逸斜出"的注意事项

"旁逸斜出"让课程内容更丰满,教学资源更丰盈,学生收获更丰富,不过,这一做法也有值得注意的方面,以免走入误区:

(一) 基于教材,尊重教材

虽然教材只是课程的一种呈现形式,但它是编者精心选材、设计、编写、成稿的成果,已经经历了一定程度的去粗取精、去伪存真的加工制作,有一定的章法可循,可以认为是课程的一种有代表性的、价值较高的呈现形式。因此,"旁逸斜出"应建立在尊重教材、熟悉教材的基础上,作为教师、教材、学生之间的"互动""对话",应该是以平等、自由、开放和相互激发为特征的沟通、理解和交流的结果,而不是完全脱离教材,毫无章法、天马行空的创造。

(二) 课程内容与学生能力相匹配

教师在对教材进行"旁逸斜出"的再创造时,要考虑学生的年龄特点、思维水平、接受能力,让课程活动处于学生的最近发展区内,内容、学习形式等过深或过浅,都不利于调动学习积极性。如在一年级学生对环境条件还没有清晰的概念,尚未形成比较细微现象的观察能力时,突破教材中关于"大蒜的种植"学习内容,要求学生在不同环境下做种植大蒜的对比实验就是超出学生能力范围的,不仅无法收到理想的教学效果,还可能造成学生的畏难情绪,反而不利于学习活动的顺利开展。

总而言之,"旁逸斜出",跨教材之界,一方面是因为教育情境、教育对象的独特性和复杂性;另一方面也归因于教师知识和经验的介入,要求教师"眼中无教材,心中有教材",经历接受、理解、选择、批判和再创造的过程,在教学实践中赋予了教材新的意义,赋予了课程新的价值。

(撰稿者:夏伟婕)

创意 2-2 ‖ 牵线搭桥：不同教材间的融会贯通

"牵线搭桥"一般比喻为在两个物体之间建立联系，在这里则指的是跨教材之界，在两种教材之间建立联系。即突破单一的中草药教材，将其与基础型课程《自然》教材中的部分内容进行有机整合，在相似的内容、技能、活动等方面进行"牵线搭桥"，从而建构起一幅融会贯通、全面提高学生科学素养的蓝图。

一、"牵线搭桥"的理念和意义

教材是一种媒介、一种工具、一种资源，教学是"用教科书教"，而不是"教教科书"。因此，对教师而言，不能再像过去那样过分依赖教材，而是要把教材从"依赖对象"变更为"依据对象"，自主地、大胆地整合教材。就教材编排上来看，中草药教材和自然教材的关系非常密切，尤其是在科学探究方面有许多共通点。"牵线搭桥"就是要通过内容整合、技能迁移等方法，将原本零散孤立的科学知识和技能融合成一个完整的科学探究体系。"牵线搭桥"对于学生的学习来说有如下重要意义：

(一) 避免重复学习，提高学习梯度

就教材资源来看，尽管《中草药植物探究》和《自然》课本编写的角度不同，侧重点不同，但两者在一些内容编排、设计和探究的问题方面难免会有一些重合、相似之处。这些重复性的教学内容对学生而言，其实是不合理的，也是不应该的。此外，在同一周期内经历两个内容、难度相似的主题，对学生而言学习梯度不大，不符合课程目标的主旨和学生的优化发展。"牵线搭桥"地将两个教材中在横向上较为重复相似的内容有机整合在一起，能让学生避免重复学习，使知识结构更加紧凑和完整，提高学习梯度。

(二) 不拘泥于教材，深化探究主题

"牵线搭桥"的内容整合给学生留出了更多的探究空间，让学生能对每个探究主题进行深入全面的探究。一个完整的科学探究过程包括提出问题、提出假设、实验、分析数据、得出结论等多个环节，涉及搜集资料、观察、记录等多样的活动，还会在探究过程中出现很多生成性问题。而往往正是一些生成性问题能有效激发学生的探究兴趣和创造性。如果每个探究主题都是按照教材按部就班，浅尝辄止，遇到生成性问题就略过，那对于培养学生的科学素养和科学精神是很不利的。"牵线搭桥"为学生创造了深入探究、思维驰骋的时间和空间。

（三）技能跨界迁移，提升实践能力

新课改提倡实践能力的培养，但实践离不开理论知识，也一定要依靠技能的支撑，离开了技能的实践是空乏而无意义的行动。《自然》教材从一年级开始就根据学生的年龄特点系统地将各个探究技能融入各项课内外活动中，如观察物体的技能、搜集整理信息的技能、记录事物变化的技能等等。这些实践技能都能通过"牵线搭桥"迁移到中草药植物探究活动中，这也有助于学生融会贯通地应用这些技能，提高自己的科学探究能力。

（四）经历长期观察，充实探究体验

在科学探究中有一些观察活动需要连续经历较长的一段时间，我们把这些周期在两周及以上的观察活动称为长周期观察活动。开展长周期的观察活动，对于培养学生的科学探究能力，养成耐心细致的态度，进一步提升学生的科学素养具有非常重要的意义。但长周期观察活动具有连续性、周期长的特点，而《中草药植物探究》教材中对于长周期观察的内容介绍较少，且由于一个学期一个班级只有两节中草药课，中间是隔了一个星期的，所以有些长周期观察总是断断续续，或干脆不了了之。而自然课正好可以弥补这个空缺，自然课一周两节，且《自然》教材中也有专门长周期观察的主题，利用平时的自然课可以延续中草药课上的长周期观察，并且可以通过阶段性成果交流、答疑，评价激励学生的探究兴趣，保持观察记录的耐心。"牵线搭桥"地将长周期观察从纵向上连接起来，让学生体验完整连续的探究过程。

综上所述，跨教材之界，"牵线搭桥"地将中草药教材与自然教材有机结合，能为学生提供充足、完整、连续的探究空间，在这里，他们能融会贯通地应用多种技能，发现问题，解决问题，实践创新，从而努力提升自己的科学素养。

二、"牵线搭桥"的教学操作

如今课程改革强调的核心理念是创新精神和实践能力，要实现这些理念，教师就必须首先具备创新精神和实践能力。而教师对教材的整合本身就是一种创新和实践。如果把《中草药植物探究》和《自然》两种教材看成是遥相呼应的两岸，那么通过教师的"牵线搭桥"就可以在它们之间架起科学探究的桥梁，带着孩子们在科学的天地里纵横驰骋、不断探索。

（一）"牵线搭桥"的教学框架

《中草药植物探究》和《自然》教材在课程标准、教学目标、教学内容、探究技能上的

共通性为"牵线搭桥"带来了可行性。在基于课程标准和符合学生认识规律的条件下，进行横向的"内容整合"、"技能迁移"，以及纵向的"观察衔接"，通过纵横交织的脉络，可以帮助学生建构完整清晰的知识结构，逐步培养学生的科学思维和实践能力，培育持之以恒的科学精神，全面提升学生的科学素养。以下是对教学框架的具体介绍。

1. 内容整合。中草药植物探究和自然教材中有很多知识内容及探究活动是比较相似的，尤其是在认识植物的根、茎、叶、花、果实、种子等各部分的特征方面，以及植物的种植观察等方面都有很多雷同。具体内容见下表：

表1 中草药植物研究教材与自然教材各年段雷同内容

年段	中草药植物探究	自然
一年级	蔬菜家族；有趣的中草药叶子	身边的植物；植物的各部分；形形色色的叶
二年级	药用种子与贴画；芝麻的种植	种子的萌发；植物的后代；植物的生长与变化；植物的生长需要什么
三年级	黄瓜的种植	植物的根、茎、叶；植物的花、果实、种子；种牵牛花
四年级	金银花的扦插	无
五年级	鸡蛋花的种植；蘑菇的种植	植物的营养繁殖、制作标本、其他种类的生物（真菌）

从这些内容中选择认知水平相似，时间周期吻合的内容进行横向整合，避免让学生在同一年段内经历两个雷同的探究内容，提高学习梯度，深化主题。例如二年级自然教材中有"种子的萌发"，而中草药植物研究教材中的"芝麻的种植"也是从种子萌发开始的。将这两者相互整合，学生可以借助自然教材学习种子萌发的方式，还可以组织班级里一半学生种植芝麻，一半同学按照自然教材种植黄豆，观察不同种子萌发状况是否一样，让活动更具探究性。又如五年级中草药植物研究教材"鸡蛋花的种植"涉及压条繁殖方式，这是植物营养繁殖的一种，而五年级自然教材正好有详细介绍植物营养繁殖的种类和繁殖方式。这两者的相互整合不仅给中草药的种植实践带来了理论支撑，也为自然教材上的理论知识赋予了实践机会。知识上相互补充，活动上择优深化，理论与实践相结合，这样"牵线搭桥"的内容整合可以更好地发挥教材本身的价

值,让学生体验更充实丰富的探究活动。

2. **技能迁移**。自然教材是以小学生的探究能力发展为主线编排内容的,对于不同年龄的小学生来说,随着探究对象的发展,探究技能也是在不断发展的:先从低年级简单的观察、分类、比较、归纳开始,到中年级的测量、预测、推理和评估,再到高年级的鉴别、猜测、实验、解释。而中草药植物探究教材中很多活动都需要利用这些探究技能。例如"叶子形状知多少"这个活动中就需要学生利用观察、比较、分类、归纳认识不同叶子的形状特点,"黄瓜的种植"这个活动中需要学生应用种植、养护、观察、记录的技能等,这时,就需要学生灵活运用自然课上掌握的这些技能来开展探究了。根据自然教材的编排,教师可以间接了解到学生已经掌握了哪些探究技能,还有哪些技能没有学过,从而能有的放矢地在中草药课上组织学生用已有的技能进行自主探究,或让家长协助学生完成一些技能要求较高的活动。对于学生而言,将自然课上学会的技能迁移到中草药活动中,也能大大提高技能的应用能力,提升科学实践能力。

3. **观察衔接**。中草药植物探究教材中的每个年段都安排有一个种植板块,而对应的《自然》教材也有有关植物生长的长周期探究内容,具体内容见下表:

表2 中草药植物研究教材与自然教材各年段长周期探究内容

年段	中草药植物探究	自然
一年级	生姜的种植	无
二年级	芝麻的种植	种子的萌发;植物的生长与变化
三年级	黄瓜的种植	种牵牛花
四年级	金银花的扦插	无
五年级	鸡蛋花的种植;蘑菇的种植	植物的营养繁殖

中草药植物研究教材中五个年段的种植板块在探究难度和深度上是呈纵向递进的。一年级是从容易种植且生长较快的生姜开始,且只需要观察到发芽即可;二三年级是种子萌发开始种植,并对它们的生长进行长周期的观察;四五年级是对一些种植难度较大的非种子繁殖方式展开了种植实践,如扦插、压条、孢子繁殖,同样也要进行长期观察。但植物的生长周期都比较长,要完整观察记录到植物的生长过程,对于一学期只有两次的中草药课来说是很难办到的。恰巧在二年级、三年级和五年级的自然教材中也有相应的探究任务,利用自然课的资源和时间,将长周期探究有效衔接起来。

这样的"牵线搭桥"让长周期探究在纵向上保持了连续性。学生如果能在小学阶段连续完整地经历这几个长周期探究，必定对科学素养的提升有很大帮助。

(二)"牵线搭桥"的学习特征

1. 完整性。完整的科学探究包括提出问题、提出假设、实验、观察、分析数据、得出结论，但中草药植物研究和自然教材中的探究活动由于受到时间和课程框架的限制，往往只能呈现孤立的某些环节。"牵线搭桥"从横向和纵向上让两本教材中的共通内容相互交织，通过内容整合、技能迁移、观察衔接，能让学生亲身经历科学探究的全过程，让每个活动都变得更加充实。

2. 探究性。"牵线搭桥"不仅拓宽了探究活动的宽度，也大大提高了学生的学习梯度，学生能对某个探究主题进行深入的探究。例如在某些种植板块中，学生可以在单纯地观察植物生长变化的基础上，按照自己的假设，研究不同生长环境对植物生长的影响，进行对比探究等，让原本以观察、记录为主的种植活动更具探究性。探究主题的深化更有助于激发学生的探究欲望，锻炼学生的科学思维能力。

3. 实践性。"手和脑之间有千丝万缕的联系。这些联系起着两方面的作用，手使脑得到发展，使之更聪明；脑使手得到发展，使之变成创造聪明的工具，变成思维的工具和镜子。"教育家苏霍姆林斯基的这一精辟论述，强调了动手实践对于思维开发的重要性。"牵线搭桥"把自然课上的探究技能带到了中草药活动中，为探究活动的实践操作提供了技能基础。学生在灵活运用各种技能的过程中提高了科学实践能力

4. 创新性。小学阶段是培养学生创新素养的最佳时期。他们思维活跃、求知欲强，对新的事物和未知的问题充满了好奇心，这些都是触发创新思维的有利条件。"牵线搭桥"在一些主题的确立上、探究方案的设计上，或是在生成性问题的解决上，都给予了学生自主探究的空间，去培养创新思维能力和实践能力。

三、"牵线搭桥"的教学案例

中草药植物探究教材三年级的种植板块是"黄瓜的种植"，学生亲自从播种到观察茎和叶的生长特点，其中包括了播种、茎和叶的生长、攀援本领的研究三个活动。而自然教材三年级也有一个类似的单元是"牵牛花的一生"，它设计的活动有播种、茎和叶的生长、开花与结果。两者不管是在活动的内容方面、编排的顺序方面，还是学生探究的方向方面都极为相似，且两个活动都涉及长周期观察，而两种植物都属于攀援类植物，生长各阶段的特点也都差不多。在一学年内让学生经历两次雷同的长周期探究显

然是不合理的,因此,我通过内容整合、技能迁移、观察衔接三个方法将两个活动结合在了一起。

内容上根据学生的兴趣选择了黄瓜作为主要的探究对象(可事先做一个调查统计)。活动上在原来播种、茎和叶的生长、攀援本领的研究三个活动的基础上增加了环境对黄瓜生长的影响、开花和结果两个活动,提高了活动的宽度和深度。在长周期观察上利用自然课时,结合自然教材进行观察记录方法的指导、阶段展示评价等,以便更好地帮助激励学生完成长周期观察,保持观察的耐心,同时还要为生成性问题预留探究空间。以下是具体活动内容。

(一) 播种

首先组织学生观察切开的黄瓜图片,找找看"种子在哪里",明确种子储藏在黄瓜内,与最后一课"开花和结果"相呼应,体会黄瓜的一生,感悟生命的轮回。然后用放大镜仔细观察黄瓜种子的结构,学生在自然课上已经学习过如何使用放大镜,并且三年级自然教材的第二单元有具体学习"种子的结构和功能"的内容。所以,这里可以引导学生结合自然教材,学会如何找到种子的种皮、胚和子叶,了解种子各部分的作用。在认识了黄瓜种子之后,就要开始播种啦,事先让学生准备好播种用的材料,如花盆、泥土、铲子等。中草药植物研究教材中有较详细的播种方法的介绍,可以让学生按照教材中的"点播方式"进行播种;也可以让感兴趣的同学用自然课上学过的泡水、萌芽、移植的过程进行播种;还可以让学生观察比较两种播种方式的成效。播种完以后,就可以组织学生设计观察记录单了。中草药教材中有设计好的观察记录单,但是在这里应该更好地发挥学生的创造能力,可以让学生参照教材内容,然后用文字、图画、照片、数字等等形式自己设计一份观察记录单,这样也有助于维持学生的观察积极性。

(二) 环境对黄瓜生长的影响

三年级学生在前两年已经经历过了"生姜的种植"和"芝麻的种植"两个植物种植过程,因此,这次"黄瓜的种植"如果还是停留在单纯地种植、观察它的生长变化上,那么对学生而言,学习梯度就不大,探究深度也不够。而且,二年级自然教材中已经提到了"植物生长需要什么",那么何不利用黄瓜的种植让学生亲身实践一下呢?因此,在每位学生播种的黄瓜种子都发芽了以后,组织学生开展"环境对黄瓜生长影响"的长周期探究,可以先让学生思考讨论:"哪些环境条件会影响黄瓜的生长?"然后组织学生进行分组,选择一个自己感兴趣的环境因素进行对比探究,确立主题,例如光照、水分、温度、土壤肥力、音乐等等,鼓励学生大胆创新。然后组织学生根据自己的主题制定探究方案,在制定过程中,可以引导学生回顾二年级"植物生长需要什么"这节课中提到的设计,来对比探究实验的方法和注意事项,其中最重要的就是要控制变量。

那么,设计好的这个方案要怎样实施呢?幸好我校中草药科普实践馆配有五个人工气候箱,它可以人工调节温度、湿度、光照度,是个进行环境条件对比探究的好地方。教师根据学生的探究方案,设置气候箱的参数,然后让学生把黄瓜苗放入自己需要的环境中,提醒学生做好每日的观察记录。同时,利用平日的自然课,组织学生进行阶段性成果展示,说说遇到的问题,组织学生讨论,解决问题,最后得出探究结论。

(三)茎和叶的生长

黄瓜茎和叶的生长变化有其独特之处,因此,观察茎和叶的生长是整个观察记录过程中的重要一步。但就"观察"这一技能来说,很多学生认为观察是一件非常简单的、生来就会而不用学习的事情,其实,科学的观察是有一定方法和步骤的。首先观察要带有目标性,不是盲目地观察,其次观察要按照一定的顺序,从左到右,从上到下,或从总体到部分等等,同时也要学会使用一些工具来协助观察。自然教材"牵牛花的一生"中有这样一课,它详细介绍了一些观察记录茎和叶生长的方法,如观察记录叶子的生长可以把叶子的轮廓描绘下来,可以用尺量叶子的长度记录下数据,也可以用透明方格纸知道叶子的大小。观察茎的角度可以是正面观察茎的纵向生长方式,也可以俯视观察茎的缠绕方向,或者可以在茎上标上记号,过段时间看看这些记号的位置有什么变化等等。黄瓜的茎叶生长特点和牵牛花极为相似,因此,这些观察记录的技能都可以迁移到黄瓜生长的观察记录中,引导学生灵活运用这些技能,找到适合自己的记录方式,多角度全面地观察黄瓜茎和叶的生长。

(四)攀援本领的研究

这是一个生成性的研究活动。在观察黄瓜茎和叶的生长过程中,学生会发现黄瓜的茎倒下来了,软趴趴地竖不起来,这时可以引导学生上网搜集有关"攀援植物"的资料,了解这类植物茎的生长特点,即需要缠绕或依靠附属器官攀附他物向上生长,认识还有哪些和黄瓜一样的攀援类植物。那么,要怎样让黄瓜竖起来呢?学生们对此展开了研究,有的去网上寻找方法,并从网上买来了专门的黄瓜攀援支架;有的去请教家里面有种植经验的爷爷奶奶,并同爷爷奶奶一起用木棒等材料扎了一个支架,把支架插入泥土中,再把茎牵引上去,很快黄瓜就慢慢竖起来了。学生通过这样一个活动,不仅提升了自己解决问题的能力,也收获了满满的成就感。像这样的生成性问题还有很多,例如有些同学的黄瓜长了很多蚜虫,有些黄瓜叶子泛黄等等,这些问题都是不能忽略的,可以引导学生思考是不是和它的生长环境有关？然后组织学生通过各种方法解决问题。

(五)开花和结果

大概过了两个半月的时间,有些环境中的黄瓜就要开始开花了,这可是个认识花的好时机,自然教材在这学期开学时的第二单元里就组织学生学习了花的种类和结构。在等待开花结果的过程中,有学生会提出疑惑:"为什么我们的黄瓜开了这么多的花,过了这么久都不结果呢？"这时就可以引导他们回顾"花的结构",观察并思考:"黄瓜花是属于两性花还是单性花？""单性花不能自花授粉,那它需要靠什么来授粉？"通过观察黄瓜花的雌蕊和雄蕊,可以发现原来黄瓜花是单性花,必须依靠风、蜜蜂、蝴蝶等外界力量来传播花粉。所以,只要把黄瓜从室内移到室外,就能提高结果率,还可以引导感兴趣的同学进行人工授粉,这样结出的黄瓜肯定更能给学生带来成就感。

四、"牵线搭桥"的注意事项

"牵线搭桥"这一教材跨界手段虽然对于课程资源的整合深化以及学生科学素养的发展有很多的好处,但并不代表可以天马行空、乱点鸳鸯谱,如果"牵错线,搭错桥",那就得不偿失了。所以在"牵线搭桥"时必须注意以下两个方面:

(一)基于课标,尊重教材

不管是自然教材还是中草药教材都有各自的课程标准,课程标准是国家对学生接受一定教育阶段之后的结果所作的具体描述,是国家教育质量在特定阶段应达到的具体指标。它具有法定的性质,是教育管理、教材编写、教师教学生学习的直接依据,评估与考试的依据,因此,所有的课程改革或教材调整都必须以课程标准为基础。

其次,教材是落实教学目标、实现教学计划的重要载体,也是教师进行课堂教学的主要依据。整合教材时不能完全脱离教材,教师应做好尊重教材与灵活处理教材的关系,做到源于教材,又不拘泥于教材。只有在尊重教材的基础上,正确地把握教材、用活教材、创造性地使用教材,才能使我们的教学更有效。

(二)遵循学生认知,满足探究需求

《小学自然课程标准》指出:"要从学生的认知特点和生活经验出发,对科学探究能力的要求不能过高,必须符合小学生的年龄特点,由扶到放,逐步培养。"小学生在学习新知识时需要经历由浅入深、从易到难、由具体的感知到能运用语言描述在大脑形成的表象,再由具体的表象到抽象和概括的思维活动过程。因此,教师在运用"牵线搭桥"等进行教材整合时,要充分考虑到学生的心理特征和生活经验,按照学生的认知规律合理安排活动内容,优化教学过程。

总之,跨教材之界,"牵线搭桥"地将自然教材和中草药教材的部分内容有机结合起来,让学生在科学的海洋中自由穿梭,体验更广、更深、更完整的科学探究活动,提升科学素养。

(撰稿者:唐春燕)

第三章

跨教室之界：教室的重新定义与审视

好奇、动手、体验、关联等都是儿童认知世界的基本方式，而整体的、生活的、经验的、真实的则是儿童认知世界的显著特点。我们尝试着跨越教室的藩篱，把整个世界都变成教室，让儿童在其中学习回归生活，亲近自然，走进社会，在真实世界中实践、探究，诞生新的、精彩的观点，内化知识，张扬个性，让学习自然而然地发生。

创意 3-1 ‖ 因地制宜：有学习发生的地方就是教室
创意 3-2 ‖ 别出心裁：心有多大，教室就有多大

教室是学校进行教学的房间，是学生学习活动的重要空间。但随着新世纪的到来，儿童认知特点与学习需求被足够重视，学习不再只是在教室里发生的行为，"教育即生活""学校即社会"，学习变得无处不在，整个世界都成为儿童学习的场所。

儿童认知世界的过程不是在教室里完成，更不是依赖书本在脑海中形成。好奇、动手、体验、关联等都是儿童认知世界的关键方式，而整体的、生活的、经验的、真实的则是儿童认知世界的显著特点。儿童的个性是整体的，认知世界的方式也是不可分割的，那么，有助于个性成长的课程也应该是整体的。只有打破学科的壁垒，将问题置身于一个真实的世界，让学生通过解决有意义的问题，在实践、探究中诞生新的、精彩的观点，这样知识才能够被内化，儿童个性才能够得以张扬。

"跨教室之界"到底会给我们带来什么变化呢？

首先，跨教室之界让儿童学习回归生活。杜威曾深刻指出："学习？肯定要学习，但生活是首要的，学习是通过生活并与之联系起来进行的。"日常生活本身就是教育资源，儿童学习的不是孤立的几门学科，而是应该有意识地引导学生将学科知识的学习与日常生活恰当联系起来，参与并服务于社会生活。在中草药课程的学习过程中，学生参与"学做小先生，给老师开护嗓保健茶方""制作夏季醒脑小香包，给同学送去夏季关爱"、"制作艾绒艾柱，给爷爷奶奶送温暖"等活动，让学生通过中草药知识的学习解决生活中实际问题，让学习在孩子身上真实而有意义地发生。

其次，跨教室之界让儿童学习亲近自然。自然是人类的精神家园。跨出教室有利于儿童进入自然，直面自然，从而与自然展开丰富多彩的交往活动。通过多样性的探究活动建构儿童与世界万物的整体认知，儿童再也不是仅仅在书本上获取间接的知识。中草药课程探究的内容来源于自然生活，学生在自然环境中开展大量的学习活动，校园植物园、百草园、社区内中医药大学、植物温室、益大草本园都留下儿童探究的身影。丰富的感知、体验与实践，让学生领悟人与自然的深刻关系，激发对自然的深厚情感。

最后，跨教室之界让儿童学习走进社会。儿童社会化的过程也是教育的重要意义之一，我们要避免将教室变成孤岛的现象产生。我们应尝试通过打开教室的边界，让学生在多样学习活动中看到自己与他人的独特价值，体验合作和竞争的力量，学会正确理解和遵守规则等，真正引导学生与社会友爱相处，真正融入社会生活。中草药课程是以探究方式学习的课程，从问题的提出、任务的设计、小组的分工、活动的推进等都需要学生不断学会合作、学会妥协、学会平等与尊重,真正体会到社会是一个人人休戚与共的整体。

　　总而言之,当我们打开教室的藩篱,学习就变成自然的事,当我们走出教室,整个世界就都成为了教室。

(撰稿者:陈蕾　娄华英)

创意 3-1 ‖ 因地制宜：有学习发生的地方就是教室

教室是学生学习发生的重要场所，但不是学习发生的唯一地点，对丰富学生的学习经历而言，学习不再是只在教室里发生的行为，整个世界都是儿童学习的"教室"，学习变得无所不在。同样，在中草药课程的学习中，通过"因地制宜"的方法，实现教与学空间的变化，大大丰富了课程的学习途径。所谓"因地制宜"，词典上的本意是根据不同地区的具体情况规定适宜的办法。引申到本文则是指根据不同类型的学习任务，打破原本以教室为主要学习场所的界限，整合学校内部、外部教育资源，确立学习场所，配置教学人员，优化实施途径，发挥教育最大功能。

一、"因地制宜"的理念与意义

纵观席卷全球的课程改革和"核心素养"的培育，都在不断关注课程的实践性和综合性，关注学习的体验性和过程性，关注创新意识和创造能力的培养。所有这些，恰恰都不是单纯能在教室里形成，必须要依托家庭、学校、同伴、网络媒体等多种途径。每种途径都有自己独特的学习形态、资源，以及相互之间所形成的交互关系。每种途径都提供各自有特长的学习形态，发挥各自独特的教育功能，培养学生多方面的能力。因此，"因地制宜"打破教室的边界，拓展学习的时间空间局限，让学生走出课堂，走进生活，在生理、心理方面进行直接的感知，在充分体验中获取知识。与此同时，我们还应当认识到，一切有效的学习都是以体验、注意为起点，进而发表看法，在进行反思、内省的同时，进行观察与分享，然后在此基础上深入处理和转化归纳融合成为对个人成长有用的信息。"因地制宜"地打破教室边界有助于体验式学习过程的发生，也能更有效地激发学习者的潜能，提高学习效率。

（一）还原生活情境

杜威曾经提出"教育即生活"的观点，认为学生不仅生活在学校中，更是生活在家庭与社区中，学校教育要与社会生活相结合，教育应体现生活、生长与发展的价值。跨教室之界的"因地制宜"，把知识还原为生活中的情境，回归到真实的世界，把学生的学习过程置身于具体的实践情境之中，让师生的生活和经验进入教学活动，以此改变学校传统教学注重书本知识传授的倾向，改变教学中割裂的现象，提升各个学科的关联性和综合性，让教学"活"起来。

（二）激活学习兴趣

"因地制宜"打破教室的边界能创设多元丰富的学习场所。研究表明，多元的学习场所有利于学习兴趣的激发与维持，进而发展并逐步形成稳定的个体兴趣。将学生的兴趣、爱好与特长作为学习的出发点，确立以学生学习为中心的模式。学生不再是单纯为学科而存在，相反，将学科与资源都根植于学生有兴趣的探究主题之中，并提供丰富的学习资源，让学生对问题开展独创性的理解与感知。

（三）支持实践体验

"因地制宜"打破教室的边界有利于学生通过对实际问题的实践与体验而获得直接经验，获得问题解决的能力，掌握探究的方法，真正提高运用知识解决问题的能力。在课程资源的开发和利用时，就更加需要注重加强课程内容与学生生活以及现代社会和科技发展的联系，注重在体验实践中激发学生的经验、疑问、情感、态度等因素，让儿童从被动的知识接受者转变为知识的共同建构者，有效激发儿童的学习积极性和主动性。

总之，在"因地制宜"理念引领下的教育资源开发与运用的过程，就是要利用各种物质条件、精神条件，通过多种途径为学生提供具体的情景，改变学生单一的学习方法，拓宽学习的空间；让学生走出课堂，置身于广阔的大自然和丰富的社会中，通过亲身经历、实际操作与活动来获得探究问题、与人交往的能力以及正确的情感、态度与价值观。

二、"因地制宜"的操作流程

新一轮课程改革中明确提出课程资源是指课程要素来源以及实施课程的必要而直接的条件。学校要因地制宜、因时制宜，充分开发利用各种教育资源（包括校内资源、社区资源和学生家庭中的教育资源），要鼓励学生参与资源的开发与运用，真正成为课程展开的主体。

（一）"因地制宜"的教学框架

因地制宜式的学习活动，强调基于学生经验，围绕问题的解决，使用多种认知策略，运用多种类型的学习资源，从而实现良好学习结果的学习活动。本模式克服单一课堂教学的局限，将学生的学习活动置身于社区中的课程资源中，引导学生把自己的成长环境作为学习场所，在与社区持续交互作用中，逐步学会确立研究主体、挑选学习资源、运用社区资源开展学习活动。在这一模式中，学习场所从正式的学习空间（教室)的运用到非正式学习空间的开发,甚至是虚拟学习空间的探索,都能根据学生的学习需求进行不断的开发与运用,真正实现教与学空间的变化。与此同时,学校也可以逐步建构并不断完善学校课程资源库,不断优化课程资源。"因地制宜"的学习途径具体如下:

1. 把教室延伸到社区

以学习者为中心的教学方式,学习者需要的不再是单一的课程授课,而是按需获取学习资源,确定学习场所。在中草药探究课程的学习中,由于学习的内容是与生活有密切关联的"中草药"相关知识,社区内的丰富资源成了重要的学习途径,根据研究主题为学生选择适合的场所展开研究活动。在学校独特的《中草药探究》课程的实施过程中,孩子们将学习的场所从教室里搬离,来到社区中的中医药大学、中医药博物馆、药房、超市,甚至是菜场等。而教师在带领学生外出学习前,需要注意参观前如何设计导引活动、参观时如何提供学习支架和参观后如何与课堂连接等问题。

2. 有一种学习是场馆

儿童的学习是在复杂的教育生态系统中进行的,学习的生态是由一系列学习情境所组成,场馆也是其中的重要学习生态。场馆是有意识地、为一定教育目的而设计的物理空间,创设了学校和家庭难以提供的情境。我校在教室学习环境创设的同时,关注专用场馆区域的建设。以学校《中草药探究》课程的学习为例,学校建设有"中草药科普实践馆",场馆通过实物、模型的布置,配合图片、文字建构出一个围绕中草药为主题的结构化学习内容,在中草药科普实践馆中不设定固定的学习流程,学生可以根据各自的经验、兴趣自由展开学习。在课程的设计和实施中可以反复参观同一个场馆,深入学习同一个专题;或围绕一个学习内容,参观多个场馆中的相关展项。在我校,所有校内场馆是全天式开放的,学生可以根据需求利用中午或课间展开学习与活动。当然,在学校统一规定的"中草药课程"课堂学习时间,师生也可以根据不同的任务,向课程管理部门提出申请,在场馆中体验场馆特色课程内容。

3. 角落也是"学习坊"

我们认为校园环境也是课程,让校园里的每一面墙都说话,校园里的每一个角落都能学习与玩耍,最终让学生能在与环境的互动中获得各方面的能力发展。校园的中医药走廊、中草药植物角、童心乐园都成为学习体验的作坊。在这些区角里,配备了各式的工具、设备、资源,学生在其中种植中草药植物、制作中草药作品。教师们还引导学生跨学科进行学习,将种植出来的植物在校园内售卖,介绍其对身体的好处等,让孩子使用所有的感官沉浸在学习中,让儿童享受充满乐趣的学习体验。

(二)"因地制宜"的学习特征

1. 活动模式的整体性

学生不仅是生活在校园内,更是生活在由人、社会、自然彼此交融的有机整体中,学生的个性发展也是通过对知识的综合运用而不断探究世界与自我的结果。"因地制宜"的学习模式让学生时时处在个人、社会、自然之中,实现其内在整合,实现每个学生的健全发展。

2. 活动模式的实践性

"因地制宜"活动模式以学生现实生活和社会实践为基础挖掘课程资源,并非一定在学科逻辑序列中展开学习活动。学习中以活动为主要展开形式,强调学生的亲身经历。学生在积极参与各项活动的过程中,在"实践""考察""体验""探究"等系列活动中发现和解决问题,体验与感受生活,发展实践能力和创新能力。

3. 活动模式的开放性

"因地制宜"活动模式面向每一个学生的个性发展,尊重每个孩子的发展需要。它面对的是学生整个生活的世界,随着学生学习生活的变化而变化,其课程的内容具有开放性特点。而且,本模式还关注学生在活动过程中所产生的丰富多彩的学习体验和个性表现,其评价方式也具有多元性,因而其活动过程和结果均具有开放性特征。

4. 活动模式的生成性

"因地制宜"活动模式具有一定的生成性,这意味着每一个活动都是一个有机整体,而非根据预定目标的机械装配过程。随着活动的不断展开,新的目标不断生成,新的主题不断生长,新的学习资源不断被提出,学生在学习过程中兴趣盎然,认识和体验不断加深,创造力不断迸发。原本的方案设计并不限制其生成性,而是为了使其生成性发挥更具有方向感,更具有成效性。

5. 活动模式的自主性

"因地制宜"活动模式充分尊重学生的兴趣、爱好,为学生的自主性充分发挥开辟了广阔空间。他们能参与确立学习目标,选择学习内容,确定学习资源配置等学习的各个方面,学校与教师只对其进行必要的指导,不会干涉或包揽学生的工作。

三、"因地制宜"的教学案例

"因地制宜"的教学活动框架以学生的探究实践为主体,充分体现资源设置为课程实施服务的理念,根据学生的研究主题,"因地制宜"组织学习资源配置,展开跨教室之界的学习活动。"蔬菜中的中草药"是我校中草药探究课程二年级种植板块的一部分,在开展探究活动中,教师和孩子们"因地制宜"地转换了4次学习场景,学习地点从教室走向菜场、农业园区、校园种植园等。学生在充分体验与感受中,在实践与探索中实现了对药食同源的蔬菜全方位的认识与理解。

在学习植物中的中草药——"蔬菜中的中草药"这个主题前,对学生对蔬菜中的认知情况作了小调查,结果显示,90%学生只能识别几样常见蔬菜的名称,对于蔬菜对身体的营养作用、保健作用,则知晓者寥寥无几,对于蔬菜的种植与生长也罕有接触。据此,老师和小组共同协商,将这个主题的探究活动分为三大环节。

活动一　游菜场　小调查　认识蔬菜宝宝

针对学生对蔬菜名称不熟悉的问题,首次将学校对面的菜场选作为学习场地进行调查活动,每个小组带着调查任务单在实地完成学习调查,认识名称,感受样子,辨别蔬菜,了解营养价值。

_____小组蔬菜小调查

活动时间		活动地点	
参与人员			
新认识的蔬菜名称			
蔬菜对身体的益处			
我们的感想			

经过30分钟的菜场实践活动,学生带着考察结果回到教室,展开了对考察结果的交流。从孩子们的话语中能感受到孩子们的收获与成长。一组孩子说到:"平时吃过带有荠菜做成的菜肴,也听到荠菜的名字,但看到它时它已经被加工过,只知道香喷喷的,不知道菜的形状。今天不但知道它的样子,老伯还告诉我们吃荠菜好处多多,可以抗感冒,还是通便高手呢。""今天我采访了卖菜的阿姨,认识了红薯叶,这个菜可是防癌小能手……"

菜场的学习活动,孩子们虽然没有惊人的研究成果,但在这个过程中,孩子们学会了运用收集信息、调查采访等方法认知事物。人际交往能力、团队合作能力、解决问题的能力也在具体情境中被凸现出来,非智力因素的发展将让孩子们终身受益。

活动二　走园区　小考察　了解蔬菜种植新技术

"蔬菜从哪儿来?""种植新技术有哪些新发展?"孩子们认识蔬菜后衍生出新的问题,利用学校所在区域内的"上海孙桥现代农业开发区"开展一次考察学习活动是一次不错的选择。此次考察活动学生一共了解了"暖棚培植区""生态种植区""液态培植区"等5大主题活动区。

_____小组孙桥农业园区社会实践表

活动时间		活动地点	
参与人员			
参观区域			
参观见闻			
发现与思考			

在学生们撰写的考察小报告中,他们说道:"这次考察,让我看到了中草药校本课程里没有的知识。""原来菜不是都要种在泥土里的,经过科学技术的栽培,水里也成长出菜。""原来在校本课程里认识了名贵的中草药药材灵芝,却没有想到,在我们生活的社区里居然栽培着。我还亲眼看到灵芝是如何栽培和生长的,还知道了野生和栽培的灵芝的营养价值和药用价值以及功效。"

社区中的科学实践地点,学生虽然利用的是短短的时间,但远超出了书本知识的内容。学生在实践中体验与感知,整个学习过程学得活泛、灵动,在活动中每个人都主动积极参与集中,知识的学习变得鲜活而有生命力。

活动三　乐校园　小种植　体味种植培育活动

学生们认识了蔬菜药食同源的价值、了解了植物种植的新技术后,对种植活动充满了兴趣,于是老师利用校园种植园、班级种植区角和孩子们一起进行了长周期种植活动。本次主题活动的名称为"豆类的发芽",目标定位于通过对比实验,知道种子发芽需要一定的条件;通过观察种子萌发过程中的变化,对生命的生长产生好奇,提高持续观察、记录的耐心。

片断一:设定生长环境　开展对比实验

课前请学生带来各种各样植物的种子,并先了解这些植物的名称。

师:我们带来了各种各样的种子,可以选择自己认为最能帮助它顺利萌发的方式进行种植,你有什么想法?

生:我带来了红豆的种子,我认为把它埋到土里就能萌发了。

生:我带来了黄豆,我认为把它躺在土上面就会发芽。

生:我带来了蚕豆和黑豆,我想种在棉花里试试看。

生:我带来了绿豆,我想把它浸泡在水里,它一定会很快发芽的。

师:同学们说了好多关于种子萌发的设想,老师鼓励你们按照自己的想法去试一试、种一种。

在孩子们的交流中,很快确定了培育方式,孩子们也很快分好了小组,形成了探究活动的小分队,并分别展开了实验活动。

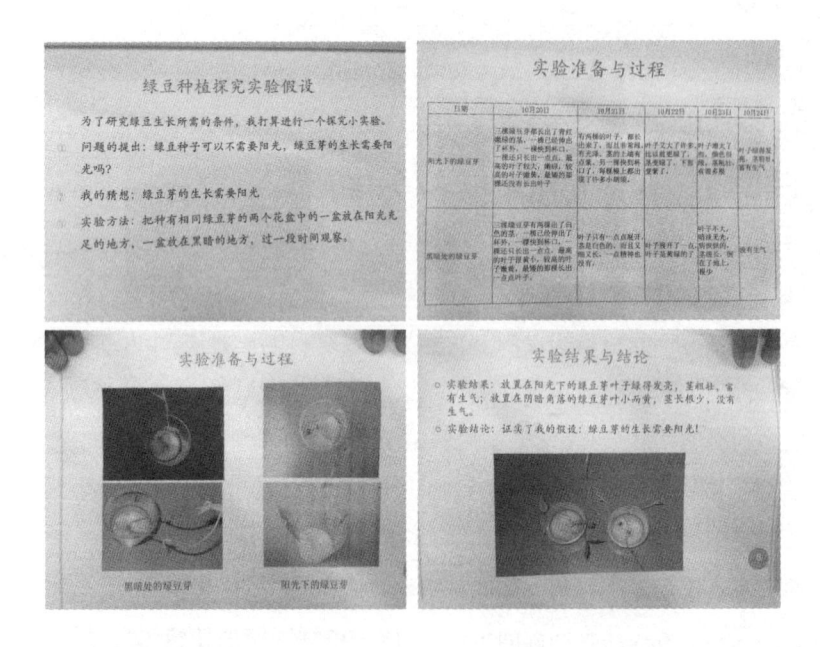

片断二:开展观察记录　体验生长活动

校园内资源的运用更有利于长周期探究活动中的观察记录的展开,老师设计了一些课堂活动作业帮助学生客观有序记录探究活动过程,学生们沉浸在小实验的乐趣中。在种子的萌发观察过程中,学生逐步发现植物在不同环境下的生长情况是不同的。来看看学生完成的探究实验过程记录吧。

当然,种植观察记录和小日记也充分发挥了学生的主体作用,在持续观察与体验中,使学生知道各种植物的生长特点和规律,学生提高了观察的能力、勤于记录的好习

第三章　跨教室之界：教室的重新定义与审视

提问	探究实验	实验结果	实验证明
种绿豆需要音乐吗		五天后	不需要
种绿豆需要阳光吗？		五天后	需要
种绿豆需要土吗？		五天后	需要
种绿豆需要油吗？		五天后	不需要

9月17日，长了5厘米。

9月18日，长了4厘米。

实验结果

最后，我发现给绿豆浇水、听音乐、晒太（晒）阳就会长的很快。
（得）

惯和勇于探究的科学态度。观察活动后,学生需对自己的观察成果进行自评,而后教师组织学生交流反馈,并进行互评,说出该生值得学习的优点和需要努力的不足之处。

校内资源的运用是一个长久而深入的探究过程。学生通过多样化的学习方式对同一问题展开深入探究,自主选择感兴趣方式来完成作业,如照片摄影、探究实验小报告、表格小记录、观察小日记等等,在科学态度、科学知识、科学探究方面都获得了提高。同时学生的好奇心和求知欲也得到激发与培养,养成从事探究活动的正确态度,发展探究问题的初步能力和与人交往合作的能力。

四、"因地制宜"的注意事项

(一)学习内容与教学资源的适当匹配

在树立学校、家庭、社区及整个社会大教育观的前提下,根据教学内容的实际需求情况,选择适合的社区资源开展学习活动,切不可贪多贪全。一旦社区资源确定,便可通过组织学生以参观、调查、访问的形式,亲身去观察和体验自己所在社区的生活,从而使学习的知识与社会生活的实际更好地联系在一起。也可以根据教学目标的具体要求,请一些在有关方面颇有建树的人士、家长等来学校讲课,拓宽学生视野,丰富对有关知识的感性认识。

(二)教学空间变化与时间要适度搭配

"因地制宜"挖掘丰富的教学资源,让学习突破课堂时空的限制,实现多途径的、任意时段的学习可能,最大限度地实现学习者个性化的学习、互动和探究。当然,在教学空间使用时,还需要关注到学习时间的配合。各项目可以根据项目推进的进程,对既定学习资源预约合理的时间,利用各种途径展开学习,使学习者展开基于项目、基于问题的学习活动。

(三) 教师指导的适度融合

在学校课程开发过程中,教师应是最重要的课程资源,教师是教材的"选用者"和"驾驭者",承担着与课程内容相关素材的识别、积累、选择和利用的重大责任。因此,教师应当将自己接触到的各种思想、观念、事件、文化等各个领域、各种类型的信息整合到自己的课程内容中来,成为素材性课程资源的一部分。同时,在课程实施过程中,教师可以通过多种途径,将素材性资源与条件性资源、校内资源与校外资源、人员与物资等各种资源整合起来,形成一个相对独立的资源系统,为教学活动所用。

总而言之,"因地制宜",跨教室之界,真正体现了教育是全社会的事情,孩子的成长离不开社会各方面的共同努力,家长、学校、社区的合作能给孩子带来更广阔的天空。

(撰稿者:陈蕾)

创意 3-2 ‖ 别出心裁：心有多大，教室就有多大

一般地说，"别出心裁"，表示与众不同的新观念或办法。在这里，"别出心裁"是一种跨教室之界的做法，以生活为支点，以学科知识、方法为半径，使学生的学科学习内容与社会生活有效联系起来，提高学生掌握综合运用知识分析和解决复杂问题的能力。课程活动的开展不是以学科为中心，而是以儿童之"心"（学习需求、发展诉求）为依据，综合多学科内容，跨越教室界限开展课程活动。以此，让知识回归儿童身上，让知识与儿童发生"意义"联系的同时，运用所学知识与策略进行丰富多样的跨界学习。

一、"别出心裁"的理念与意义

英国教育家怀特海曾说："教育只有一种教材，那就是生活的一切方面。"跨学科课程强调跨越不同领域、不同文化、不同意识形态，强调学生积极从事各种学习活动，使得学生的学习更加开放、多元、灵活、创新。

通过学校的"万花筒"课程之中草药探究课程，让我对跨教室之界的意义有了更深入的理解。"别出心裁"对于跨界课程学习来说有如下重要意义：

（一）有利于补充传统学科

分学科式教育不利于知识的相互贯通，容易造成知识僵化，难以与社会生活实际问题相对应起来。随着信息技术、社会的发展，各种新的理论、观点迎面扑来，知识在学科边界之间流动。"别出心裁"式的跨界，打破了固有的分学科式模式，学习组织形式更具有开放性和灵活性。它创新了学习途径，是知识生产的新途径，是对传统学科的有益补充。

（二）有利于长兴趣拓视野

任何一种新的事物都能够在很大的程度上激发出孩子的兴趣，当然"别出心裁"的跨界教学方式也不例外。兴趣是最好的老师，兴趣在孩子学习过程中起到了极大作用。孩子们在做那些他们感兴趣事情的时候总能够事半功倍、效果卓著。带着兴趣，伴着"别出心裁"的跨界教学方式，孩子们在全新的学习模式中，开拓了自己的眼界，能借探究活动，了解到更多的东西，从而对某个事物有更深一层的理解和认识。

（三）有利于培养创新意识

人是生活在社会领域之中的,脱离社会人将无法生存与发展,学生也是如此。"别出心裁"的跨界教学模式,让学生学会综合运用知识分析,学会解决复杂问题。这样,学生作为社会中的一员,就能将已经学习到的知识应用在比较广阔的范围内,而不是一离开具体的学科背景就失去了理解、驾驭它们的能力。与此同时,学生们也会自然而然地萌生出一种对一样事物去钻研、敢于去大胆地假设猜想的意识,并能够很好地付诸行动,这就是我们所说的创新意识。

总之,"别出心裁"的跨界教学方式对于孩子的学习成长和老师的发展起到了至关重要的作用。

二、"别出心裁"的教学操作

"别出心裁"式跨学科学习的目的是让小朋友的学习更加开放、多元、灵活、创新。"别出心裁"式跨学科教学的基本思路是以围绕某个教学主题,利用多学科的教学资源或者多学科师资组建协同教学团队,设定主题活动的目标及内容,促进学生发展。

首先,凝练教学主题

"别出心裁"式跨学科教学的首要问题是凝练教学主题。"别出心裁"式跨学科教学会涉及多个学科,教学中一旦缺乏统一的教学主题,就会造成教学内容、思路、方法的分散。凝练教学主题,可以是横向交叉融和,也可以是纵向交叉融和。因此,在凝练教学主题的基础上,紧紧围绕主题进行活动设计是关键。

其次,找资源,组团队

发掘多学科的教学资源是指任教教师将目光投向多个学科,而不仅仅局限于自己熟悉的领域,正所谓"众人拾柴火焰高"。欧洲学者 Ruegg Walter 认为,"跨学科"成为近来关于知识型组织争论中的一个流行词,用"合作团队关系"代替"跨学科"。因此,合作教学是"别出心裁"式跨学科教学实践的基础之一。我校中草药教师多为语文教师兼职,在近几年的课程发展中,引进了多学科教师,教学团队的跨学科性会带来研究方法与研究思路的差异,为"别出心裁"式跨学科教学注入新的想法,带来新的视野。

最后,教——改——教,促完善

以设定的教学主题为核心,以多学科教学资源支持为基础,设计、选定具体的跨学科课程活动,进行教学实践。经过初次教学实践后,及时修正教学目标中不适合培养学生的自主性、主动性和创造性的部分,并再次进行尝试教学,从而使得"别出心裁"式的跨学科教学实践,真正实现与学生一起发现兴趣与需要,一起设计学习情境,一起从事学习活动,一起评价学习结果。

三、"别出心裁"式在跨学科教学中的实践

学科课程是从人类社会文化遗产中精选出来的知识体系,无论对社会的延续还是个人的发展,都发挥着重要的作用。当今科学技术飞速发展,科学发展的分支化和综合化趋势日益加强,各学科之间的交叉性和渗透性达到了前所未有的程度。跨学科课程的设计与实施是社会发展的必然要求,是科学发展的必然要求,是实施中国基础教育课程改革的必然要求。从我执教中草药课程的经验来看,可以从以下几方面入手:

(一)走进教室——在实践中探究

新一代信息技术的发展作为第三次工业革命浪潮,大力推动了以人为本的创新2.0知识社会演进,人类的学习方式必然将发生深刻的变革。移动互联网时代的到来,让我们的教学方式向"个性化、互动化、社群化、数据化"变革。互联网时代,给我们的教学带来了巨大的变化。国际上通行的做法是,鼓励学生和家长自带设备(Bring Your Own Device,BYOD)。

鉴于此,在课堂中,我在教室电脑上装置一个移动无线网卡,很快让移动设备进入课堂就成为了现实。在教学菌菇的种植过程中,当场让学生上网查找所知道的菌菇以及它的功效(见下表),教室内活跃开了。学生们有的两三人一起合作查找,有的独自查找,接下去的小组交流,孩子们说出了各种各样的菌菇以及功效,有些菌菇连我也是头一回听到。此刻的课堂,把我和孩子们的心连得更近了。孩子们在课堂中,学会了合作、交流、共享。教室不单单在这几十平方之间,网络为我们开拓了更宽更广的空间,任我们邀游其中。

利用学习包中关于菌菇的材料,小组合作认识五种感兴趣的菌菇功效、特点。

菌菇的功效、特点

菌菇	功效	特点

（二）走进校园——在观察中探究

有一个心理学家曾指出：学生生来具有内发的成长潜力，不需要教师刻意指导。跨学科课程的学习方式主要是跨学科研究性学习的设计实施和学生体验性社会考察活动的开展。其核心是课题研究，选择一定的课题，通过调查、测量、文献资料搜集等手段，收集大量的研究资料或事实资料，运用实验、实证等研究方法，对课题展开研究，解决问题。在薄荷的种植过程中，我带领同学们进入校园，利用网络技术，在电子设备上下载"形色"（一款通过拍照识别植物的软件），在校园内寻找。学生们在寻觅的过程中，不仅仅认识了薄荷，而且认识了校园中的其他植物，起到了事半功倍的效果。小小的变化，让孩子们将学习场地，由室内变换到室外，调动了学生参与探究活动的兴趣，提高了学生的探究能力。

（三）走进场馆——在合作中探究

桌子、椅子、讲台、黑板构成了我们传统印象中的课堂。可是，传统印象中的课堂设计和教学都是以教师为本的。在这种教师讲课、学生听课的模式中，教师是主动的支配者，而学生则是被动的服从者。

我校自开设《中草药植物探究》课程以来，越来越注重对该课程系统配套设施的研发，在学校中开设了中草药博物馆。博物馆中有许多区域：认识名医区、认识草药区、种植区等等。在种植薄荷的过程中，我带领孩子们在博物馆内进行种植。在探究的过程中，孩子们学会利用控制变量法来研究影响薄荷生长的因素。他们制定了种植计划，在小组内进行了自我分工。种植、养护、记录，各司其职，毫不含糊。孩子们根据不同的研究对象，在人工种植箱内，采取了不同的记录方式。中草药博物馆，将种植带到了孩子们的生活中，让他们对草药有了更加深入的认识。

利用地理优势，结合雏鹰假日活动，我和孩子们还去参观了中医药大学附属的中医药博物馆。中医药博物馆为孩子们开辟了一块认识中草药植物更广阔的平台。刘向曾在《说苑·政理》中指出"耳闻之不如目见之，目见之不如足践之"。博物馆内麝香、野山人参、冬虫夏草、银杏、藿香、紫苏、黄芩、玄参、野葛、百部、百合，各种各样的草药映入眼帘，神农尝百草、李时珍编写《本草纲目》、孙思邈救龙……萦绕在我们的耳畔，"寻草药"游戏大开我们的眼界。中医药博物馆让我们的教室更加立体、全面起来。

（四）走进生活——在动手中探究

实践是检验真理的唯一标准，从学生实践入手，让他们在知识获取量增加的同时，扩大他们的眼界，提高他们自行解决问题的能力，这一过程也是一个学生主动探究的过程。

在《黄帝内经》中,五谷被称之为"粳米、小豆、麦、大豆、黄黍",现代常用汉语中,通常说的五谷是指稻谷、麦子、大豆、玉米、薯类。可是,如何让学生更加深入地认识五谷的功效呢？在执教过程中,我让学生亲自去菜场买来五谷,通过看一看、摸一摸、闻一闻等形式,了解五谷的外形特征,再结合查询网络资料、询问家长、查阅图书等,了解五谷的功效,最后将自己了解的五谷,在家中熬制一锅八宝粥。在这一系列的探究活动中,为学生提供了发展创造能力的广阔舞台,从而使学生的创造意识得到加强,以及在实践中不断创新的能力得到发展。正如联合国教科文组织在《学会生存》一文中阐述道:"教师的职责现在已经越来越少地传递知识,而越来越多地激励思考,他将越来越多地成为一个顾问、一位交换意见的参考者、一位帮助发现矛盾观点而不是拿出现成真理的人。"在这场以五谷为内容的探究活动中,我们将上课的场地拓展到生活中,以潜移默化的学习形式来认识五谷,"随风潜入夜,润物细无声",五谷在我们的心中留下了一道淡淡的痕迹。

四、"别出心裁"的教学案例

"别出心裁"式跨学科教学的基本思路是以主题为引导,结合多学科资源,组织学生进行课程活动的过程。"中草药与对联"是我校中草药探究课程四年级的一部分,在教学这一主题时,我误打误撞指导学生进行了"别出心裁"式跨学科学习活动。根据实际课程开展的具体过程,我将本次活动分为三个阶段。

(一) 在迷茫中思考——结缘已久,却不谙其道

其实,我跟中草药的缘分早已结下,生活中我信奉中医养生之道,望闻问切,草药调理,休养生息之法。偶尔也会跟好友一起学习太极气功,调息练气,也常翻看中医书籍,憧憬着"玫瑰花开,香闻七八九里""春风来时尽着花,但闻藿香木香"这样的美好生活。

但是,兴趣归兴趣,对于如何展开教学工作我曾经一度陷入了迷茫之中。翻开教材,文学中的中草药——中草药与对联,且不说自己对于中草药的了解并不深,纯属于兴趣所在,业余爱好而关注着,至于对联,抑或对联与中草药更是不甚了解,在这种境况下怎样才能设计好这部分的教学内容呢？我思考着。

都说摸着石头子过河,先从收集资源做起。利用各种媒介,找到了不少有关中草药的对联、典故、草药功效、草药图像等资料。针对四年级学生已经有了三年中草药学

习经历的学情,做了筛选,思忖着若能结合语文学习的扁鹊、华佗等人物及其历史故事,就能使知识更加融会贯通。就这样,设计了第一课时的教学内容,从人物到典故,再到对联中的草药,我充满激情地讲述着,学生也津津有味地听着。有趣的故事总能引起他们的莫大兴趣,但我有些疑虑——这样子的中草药探究课还是中草药课吗？过了一周,当我再询问学生们上周所学所思所感时,小东说:"老师,我记得最清楚的是华佗,语文课上也学过。"他的回应对于我来说有些意外,但也引起了我的思考：语文课程中的资源能否为中草药课所用,以便更好地帮助学生学好这部分内容呢？

（二）豁然开朗的收获——学科跨越,品草药生活

经过之前的摸索,我花了整整一周时间来思考：到底如何改变才能使得学生乐在其中地学习、探究？才能达到较好的教学效果？这吟诗作对联,能不能也像"种植薄荷"一样,让学生动起来,在做中学？

自古对联的乐趣便是你出上联,我对下联,一来一回,精彩迭出,是我国传统的文学教学形式。既然如此,不如就采用语文课程中的教学形式来展开教学,在中草药课堂里搭建一个对联的舞台,师生互动,你出上联,我对下联,对联中要出现草药名,每一联都要求围绕一个主题。这个设想很大胆,因为我不知道学生是否喜欢这个形式,我更认为学生可能在对对联上会遇到难题,但我又面临着不得不改变的境况。于是,带着这个设想我忐忑地开始这一课时的教学。为了让学生对对联有所基础,就让他们自己根据中草药的特点来对对联,我设计了以下的步骤：

步骤一：了解苏轼妙联对名医的故事、刘凤诰的秀才上京考试巧对皇帝对子的故事,体会对对子的乐趣,感悟对对子的形式。

步骤二：回忆学过的草药,以及该种草药的特性与颜色。

步骤三：鉴于四年级学生的知识有限,我又为他们提供了其他的素材资源。（如身边常见的中草药图片大全：http://www.360doc.com/content/14/0916/06/11269421_409800839.shtml）

步骤四：巧对对联,上联是"藿香紫　丹桂黄　紫薇红　茉莒绿　百草似彩虹",（从颜色切入）试着让学生们对对下联。

学生们以小组为单位,按照步骤合作学习。

一开始,我的心里充满着不安,出乎意料的是教室里顿时炸开了锅,学生们激动地展开讨论,一个个跃跃欲试的样子,带着兴奋的神情,有的眉头紧锁,有的豁然开朗,有的提起笔就写,沉浸在思考的海洋里,陶醉在探究的波浪中。这一刻,我知道这节课对

了,给学生一个平台放手让他们自由创作,永远不要低估孩子们的能力,当他们张开了翅膀,定能给你惊喜!下面我就展示一下学生的精彩绝对:

教师上联:

    藿香紫 丹桂黄 紫薇红 茉苣绿 百草似彩虹

学生精彩对下联:

    艾叶香 冰片凉 牡丹美 茉莉纯 草药胜灵丹
    荷花美 茉莉香 玫瑰好 牡丹灵 富贵满庭芳
    春兰香 夏竹绿 秋菊绽 冬梅独 花中四君子
    玫瑰香 茉莉甜 陈皮苦 薄荷凉 香味满庭芳
    山楂酸 红豆甜 白果苦 生姜辣 四味似仙丹
    菊花茶 玫瑰粥 生姜汤 山楂糕 百草入佳肴
    菊花清 玫瑰香 茉莉白 桃花盛 千花如美人

围绕着"色""香""味""形""神",学生们才华横溢,句句绝对,我甘拜下风。学生们热烈地交流,说着自己选取这些中草药的缘由,说着自己为何选取这个主题的来龙去脉,畅所欲言的课堂,智慧的火花碰撞着……这样的课堂融探究与交流为一体,理论结合实践,并且充满着活动的乐趣,让学生甚是欢喜,令我也豁然开朗。

(三)广阔天地来探寻——与社会实践的结合

知识学习最重要的就是结合生活,为更好的生活服务。四年级学生已经初步了解花草中的中草药、植物的标本制作、薄荷的种植、闻香识草药,并从诗文中知道了一些草药的基本药理。在进行了中草药与对联的学习后,满怀着对中草药知识的憧憬,带着对古代医药史的兴趣和渴望,我带领学生来到我校共建合作单位——中医药大学,参观了"百草园",让孩子们与传统的中草药来了一次亲密接触!

在百草园中,学生们亲眼看到、接触到课本上的中草药实物,一个个化身为"草药游吟小诗人",在这百草园中搞起了游吟大会,从课堂走出,来到百草园,从课本走出,看到草药实物,学生们的所学所感又有了一个新的天地,供他们挥洒自己的创作、自己的智慧。

山重水复疑无路,柳暗花明又一村。挣脱了束缚,我发现了新的天空,我深深体会到"别出心裁"式跨学科教学是一种事半功倍的学习方式,运用"别出心裁"式跨学科教学,学生和老师都不再将自己囿于学科的局限,而是调动各学科资源,从探究中主动获取知识,应用知识,解决问题。学生通过自主参与"别出心裁"式跨学科学习活动,能够调动已有知识解决问题,并将学习的新内容运用起来,还加深了对自我、社会和自然的理解。

五、"别出心裁"的注意事项

我们的中草药植物探究课程是语言活动？自然与生活？艺术活动？社会实践活动？还是探究活动？都是,又都不是。显然,已经看不见单一学科教学的影子……"别出心裁"式的跨界让课程内容更丰满,教学资源更丰盈;让学生分析、解决问题的能力更加强,能激发学生对于课程的探究热情。不过,这一做法也有值得注意的方面,以免走入误区:

(一)基于教材,尊重教材

虽然教材是课程的一种呈现形式,它是编者精心选材、设计、编写、成稿的成果,已经经历了一定程度的去粗取精、去伪存真的加工制作,有一定的章法可循,可以认为是课程的一种有代表性的、价值较高的呈现形式。因此,"别出心裁"应更加建立在尊重教材、运用教材的基础上,这样才能更好地达到跨学科教学的最根本目标,从而,让学科课程变得更有生活气息,更有人文情怀,更有应用空间,学生更有学习热情,而不仅仅是一些碎片化的离身知识!

(二)课程内容与学生能力相匹配

跨界学习并非否弃学科性质,并非否弃学科边界,而是借助学科与生活的链接、学科与"人"的关联,为了更好地实现学科的育人目标。所以,教师在对教材进行"别出心裁"的创造时,要考虑学生的年龄特点、思维水平、接受能力,也就是所谓的"因材施教"。比如,一年级学生的认知能力和动手能力还尚未达到一定的熟练程度,所以,中草药教学中的"种子贴画"并不能很好地运用在一年级小朋友身上,对于他们来说,更加适合的,是以不同形式认识种子,了解中草药课程。

(三)跨教室合作形式更多样化

跨界学习不是不同的学科在一起工作,而是多个有不同学科背景、拥有足够开放思维的个体,想要用他们的专业知识来解决和完成共有的问题和任务。因此,合作的形式可以多样化,不仅是生生之间小组合作探究,还可以是师生之间合作探究,更可以把有这方面专长的家长请进探究活动中来,以促进思想火花的碰撞,任思维之光驰骋。

总而言之,"别出心裁",跨教室之界,一方面是因材施教的教育情境和别出心裁的教育方式；另一方面也是教师教学经验的一种积累，要求教师在基础的教材上，经历"选择——再创造——突破"教学方式的过程，不只是用教材，而是在教学实践中真正地做到了教教材，赋予了课程新的价值。

（撰稿者：徐留芳）

第四章
跨认知之界:迈向"深度学习"的境界

　　跨认知之界的核心是从"浅层学习"到"深度学习"的跨越,是记忆、理解、应用、分析、评价,乃至创造等多种认知活动的跨越,是打破以往学习活动目标指向、学习策略单一的界限,围绕问题的解决,使用多种认知策略,打通学习活动中学生不同层次的认知维度,综合运用多类型、多层次的认知活动,培养学生的质疑能力和问题解决能力。

创意 4-1 学以致用:任务驱动,问题引领下的学习
创意 4-2 融会贯通:各认知领域共同发挥作用

认知有不同的层次，布鲁姆(Bloom)在"教育目标分类学"中指出，依据人类认知过程复杂程度由低到高的排列，有6个维度的分类：记忆、理解、应用、分析、评价、创造。其中，前3项为认知程度中的初级认知，后3项为认知程度中的高级认知。而真正的"创造力"只有在认知程度进入后3项维度后，才有可能产生。

记忆——是从长时记忆库中提取相关知识，对应到教学中就是指对教材内容的"保持"；理解——能够对将要获得的"新"信息与原有知识产生联系，对应到教学中就是指能够对教材内容进行解释、举例、分类、总结、比较和说明；应用——运用不同的既定程序去完成操作，对应到教学中就是指教材内容的执行与实施。

我们以往对学习规律的认识是：小孩像个空瓶，吸收能力特别强，所以，知识需要灌输——先让其被动吸收，然后孩子自己再慢慢消化。因此，在此认识下，从基础教育开始，对孩子进行的是"海量知识的灌输式教学"。在这样的教育体制下，中国孩子对知识的认知程度，只能止步于布鲁姆认知层次的前3项维度！创造力，自然根本无从谈起！

探究能力、创造能力的基本功建立在哪里？那就是要指导学生进行多维度的跨认知之界的学习活动，打破以往教学的局限，打通学习活动中学生不同层次的认知维度，在学习活动中综合运用多类型、多层次的认知活动，培养学生的质疑能力和问题解决能力，最终提升创造力。

如何才能"跨认知之界"呢？这就要运用到多种学习方式。

整合学习，指学习者围绕某一主题，利用一切时空，甚至是超越时空的学习资源，进行有选择的学习和整体建构，从而获取知识、形成能力、培养品格，全面提升自身素质的学习方式。整合学习打破了学科之间、时空之间、认知之间的界限，讲究一切为了解决问题所用。例如中草药探究课中学生小组合作完成《五谷杂粮探究报告》的学习活动中，学生运用各科知识，通过多种认知活动，选用校内外多种学习资源，合作完成探究报告。活动中学生逐渐学会了"分析"，即将材料分解为其各组成部分，并且确定这些部分是如何相互关联的，这是创造性思维的基础。

质疑学习的核心是学生要学着"评价"，即依据准则和标准来作出判断，这是批判性思维的核心。例如在中草药课程中，教师会鼓励学生将学到的中草药知识结合自己的生活经验提出疑问，学生也会对其他小组的活动作业进行质疑、分析与评价。古人云："学起于思，思源于疑。"质疑是思维的起点，是迸发创造力的催化剂，通过质疑学习，学生发现问题、提出问题能力都得以提高。

第四章 跨认知之界：迈向"深度学习"的境界

比较学习就是通过观察、分析，找出知识点之间的相同点和不同点的思维过程和方法。它是我们常用的一种思维方法。"有比较才能有鉴别"，世间的一切事物都会有区别，又有联系。在学习过程中，会发现很多知识有相同点和不同点，如果不去比较，就会把相关知识的概念、原理、现象等混为一谈，这不利于对知识进行深刻理解和准确应用。善于比较则可以抓住知识的本质特征和知识间的内在联系，从而达到准确理解、记忆和应用知识的目的。如在一年级的"探究含羞草"活动中，学生通过观察、比较等方法学会区分含羞草和相近植物，并通过绘画的形式加深对它外形特征的印象。

新媒体联盟在2014年的《地平线报告（基础教育版）》中将"实景学习"定义为基于"实物、实情和实地"的学习。实景学习聚焦真实世界、复杂问题及相关解决方案，学习方式多采用角色扮演、基于实际问题的活动、案例研究以及在一个虚拟社区中进行实践。如在"根据体质吃水果"这一活动中，为了解决"你知道自己是什么体质特性的吗？水果能随便乱吃吗"这两个实际生活中的问题，学生填写了中医体质问卷调查表，并运用数学学科的方法进行统计计算，找到了自己所属的体质。通过本节课以数学学科为载体的探究学习，学生运用到了数学统计的思维计算出了自己的中医体质分类情况，并进一步学习根据不同体质选择吃不同的水果，科学饮食。学生继而用这一方法给家人、朋友进行测评，了解家人的身体状况，根据体质吃水果。

创新是以新思维、新发明和新描述为特征的一种概念化过程。起源于拉丁语，它原意有三层含义：第一，更新；第二，创造新的东西；第三，改变。创新学习，就是要求学生在学习知识的过程中，不拘泥书本，不迷信权威，不墨守成规，以已有知识为基础，结合学习实践和对未来的设想，独立思考，大胆探索，别出心裁地创造出新思路、新问题、新设计、新途径、新方法的学习活动。创造是形成"新产品"的过程，也是创造性思维与批判性思维的叠加。例如在"五谷杂粮探究报告"的活动中，有一位学生为帮助高血压的外公降血压、降血脂的处方，他运用学到的五谷杂粮食疗作用，开出了"黄豆玉米粥"的食疗方，并亲自动手制作。

总之，"跨认知之界"的本质是从"浅层学习"到"深度学习"的跨越，是记忆、理解、应用、分析、评价，乃至创造等多种认知活动的跨越。

（撰稿者：张静　娄华英）

创意 4-1 ‖ 学以致用：任务驱动，问题引领下的学习

所谓"学以致用"就是为了实际应用而学习。在中草药探究课程活动中，"学以致用"是打破认知活动的界限，以任务完成与问题解决为指向，运用所学知识与策略而进行的跨界学习活动。

一、"学以致用"的理念与意义

在心理学中，认知是通过形成概念、知觉、判断或想象等心理活动来获取知识的过程，即个体思维进行信息处理（Information Processing）的心理功能。认知过程可以是自然的或人造的、有意识或无意识的。人对外部世界与自身的一切感知与探究活动都可以成为认知。跨界，英文 Crossover 的本意为"跨界、交叉、融合"，用以形容两个并不在同一领域事物的合作与交融。

中草药探究活动中的跨认知之界就是打破以往学习活动目标指向、学习策略单一的界限，而以任务完成、解决问题为核心，学生围绕问题的解决，使用多种认知策略，达到多种学习结果的实现。

（一）有利于问题解决能力的提升

跨认知之界的活动旨在打破以往教学的局限，激励学生走出课堂，进行探索学习、实践学习。在进行跨认知之界的主题学习时，可以培养学生解决实际问题的能力和实践创新能力。通过学以致用的学习，学生不只是掌握了某方面的理论知识，同时也学会了实际运用的能力。

（二）有利于高阶思维的形成

为什么在中草药研究课程中要提倡跨"学以致用"式学习呢？因为它具有其特有的优势与作用："学以致用"式学习不但有助于学生学习系统的中草药知识，还有助于培养学习者实践能力及探索问题、自主学习的能力，培养学习者批判性思维和创新思维能力等高级思维能力。

（三）有利于知识的综合运用

"学以致用"式学习有助于培养学习者协作学习的能力，增强团队意识。在活动的开展中，有很多的协作学习的机会，需要和自己的同伴结伴学习，结伴处理问题，开展广泛协作，一起去探索未知世界，有助于各学科知识的相互融合。

(四) 有利于深度学习的推进

"学以致用"式学习包含了不同层次的学习内容,有浅层次的认知学习,也有深层次的问题解决学习。不同的学习者了解学习主题后,可以根据自己的实际情况,自主地选择学习内容,有助于调动学习者的学习兴趣,提高学习积极性,从而提高学习效率。

总之,"学以致用"式学习有利于问题解决能力的提升,有利于高阶思维的形成,有利于知识的综合运用,有利于深度学习的推进,是一种值得提倡的"做中学"的实践性学习方式。

二、"学以致用"的教学操作

"学以致用"以任务完成、解决问题为核心,学生围绕问题的解决,使用多种认知策略,达到多种学习结果的实现。结合国外学者对"问题式学习"的研究,基于教师指导的"学以致用"式学习包括四个方面:问题的提出、小组讨论的认知引导和探讨结果后的理论提升、学习反馈与评价、教师对学生自主学习的指导。这四个方面体现在整个教学框架和活动程序中,形成不同的教学模块。

(一) "学以致用"的教学框架

"学以致用"式的学习活动,强调通过引入、营造和创设适合教学需要的教学情境(问题创设),不再以知识点为线索,而是以项目任务为载体,以主题为单位,精心组织教学内容;强调坚持以学生和学生的发展为本,培养学生的归纳概括能力、口头表达能力、分析推理能力等方面智慧技能的学习、言语技能的学习,并锻炼认知策略,操练动作技能,同时还影响态度情感。其精髓是学生在教师指导下自主学习,主动探究,把被动接受学习的过程变成主动发现知识、培养创新意识和创新能力的过程。在此背景下,以提出问题、分析问题、解决问题为线索,提出"学以致用"式学习活动框架,划分为四个阶段:教师指导的问题情境创设、小组自主学习活动、教师引导的理论提升和反馈评价激励。(见图1)

(二) "学以致用"的学习特征

"学以致用"的学习活动,从内容看,强调通过将贴近生活实际的教学情境引入教学课程以开拓学生的思维,培养其创造性思维,并通过教师引导,充分发挥学生的主体作用,满足学生思维发展的需要。从形式看,强调以任务为载体的组织形式,通过实践来解决问题。其特征有:

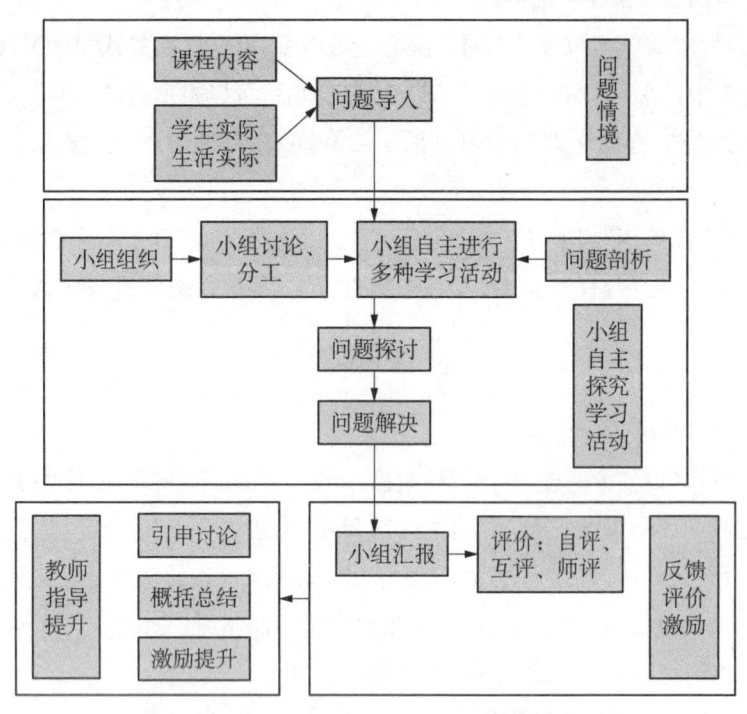

图1 "学以致用"的学习活动教学框架图

一是教学目标有过程性特征。"学以致用"的学习活动中,教师和学生在不同教学情境下的功能发挥异于传统的教学模式,教师指导作用包括问题创设、问题引导、学习动机激励、理论提升、理论总结、教学反思六个方面,且穿插于不同的教学阶段和过程。学生学习目标的重点在小组讨论式合作学习阶段,例如提出问题、建立假设、搜集资料、研究论证、得出结论等内容。学生能够在老师的指导下完成整个学习过程就是"学以致用"式学习的重要目标之一。同时,在此过程中达到认知提升、方法掌握、能力锻炼、人际合作与沟通等各方面能力。

二是以情境的方式呈现内容。教师精心准备、收集社会生活中的各种问题,结合将要学习的内容,设计出贴切的情景呈现给学生,进行课堂引导。

三是基于问题推展学习活动。在"学以致用"式学习中,教师引导学生分析问题,并通过教师指导将学习到的知识串联起来,达到自我学习的目的。因此,问题设计在"学以致用"式学习中尤为关键,问题的设计应考虑四大要素:教学内容的组织、学生的知识背景、知识能力培养、社会生活的现实需要。

四是表现出实践化的学习方式。在"学以致用"式学习中,学生的学习不再是被动和机械的,而是自主和灵活的,当学生通过学习来解决问题之后,他们就会成为自主的思考者和学习者。这个过程中,学生以小组为单位共同学习、解决问题,形成友好的合作关系。

五是运用表现与分享为特征的评价方式。"学以致用"式学习的评价方式以表现性评价(performance assessment)为主,表现性评价是"通过学生自己给出的问题答案和展示的作品来判断学生所获得的知识和技能"。表现性评价需要记录学生实际操作或学业成果(如论文、方案设计等),以此评价学生的操作能力。表现性评价侧重于评价学生实际操作的能力,要求学生建构各自独特的答案,且答案不存在对错之分,只存在程度之别(如优秀、中等、合格或不合格);不提供被选答案,以便学生有充分作答的自由。此外,表现性评价,能使学生在实际操作中学习知识和发展能力。

三、"学以致用"的教学案例

"学以致用"的教学框架要求以学生为主体,充分体现"从做中学"的理念。在教学《五谷杂粮中的中草药》这一部分时,我以完成《五谷杂粮探究报告》为切入口,指导学生进行了"学以致用"的跨界学习活动。

(一)确定具有过程性特征的教学目标

《五谷杂粮中的中草药》是我校中草药探究课程二年级的一部分。结合课程内容以及学生的实际生活,把五谷杂粮中的中草药实践的重要课程目标之一确定为通过小组合作完成《五谷杂粮探究报告》帮助学生在实践活动中立体地了解五谷杂粮的食疗价值,并在生活中加以合理运用。

具体目标有:1. 学生通过感受中医食疗,体会到中国饮食文化和医药文化的博大精深,激发学生对祖国传统医学的热爱之情。2. 通过完成探究报告的实践活动,引导学生经历譬如选组长、任务分配、任务完成等一系列探究活动。3. 帮助学生了解常见五谷杂粮的食疗价值,并学会运用,在吃的过程中达到保健养治的目的。4. 在问题解决过程中开阔学生视野,培养学生的探究能力、动手能力、协商合作能力,增进学生之间的友谊。

(二)建构富有情境化的教学内容

1. 情境导入,在生活世界中体验五谷杂粮

上课伊始,我拿出大米、小米、芝麻、红豆、绿豆、玉米等常见五谷杂粮请大家认,小

朋友很顺利地认出了这些五谷杂粮。接下来,我把一粒棕褐色、形状不规则、大小和绿豆差不多大小的粮食给小朋友们看,结果没人认识这是什么,我又拿出一粒红红的、椭圆形的粮食让大家认,结果还是没人知道。

小朋友的兴趣一下子被激发了出来:"到底是什么呢?老师快告诉我们!"看着大家着急的样子,我在黑板上写出了它们的名字:荞麦、高粱。

然后我顺势引出什么是五谷杂粮,所谓五谷原是中国古代所称的五种谷物,后来一般指粮食类作物。"五谷杂粮"的说法有相当久远的历史,中国人以粮食谷物为主体的饮食习惯已经沿袭了数千年,早在两千年前的《黄帝内经》一书中,就提出了"五谷为养,五果为助,五畜为益,五菜为充"的说法。通常人们认为稻米和小麦是细粮,杂粮就是指除此以外的其他粮食,现在所说的"五谷杂粮"其实是个大家庭,包括了多种谷类和豆类食物,例如小米、玉米、糙米、荞麦、大麦、燕麦、甘薯、黑豆、蚕豆、绿豆、豌豆,等等。

通过观察,小朋友了解了各种五谷杂粮的形状、颜色、触感等等,对五谷杂粮有了直观的感受,也很感兴趣。在此基础上,我请小朋友课后自主探索,在生活世界中寻找五谷杂粮。有的小朋友在超市寻,有的在家里寻。在寻找的过程中,学生逐步认识了五谷杂粮,积累了对五谷杂粮的感性认识。小朋友学做生活的有心人,学着观察生活,体会生活。

2. 生活事件导入,体会食疗的神奇价值

班级有个小朋友曾经得过湿疹,但是后来坚持吃赤小豆薏米汤治好了湿疹。我请他介绍自己的亲身经历,并让小朋友回去查资料了解为什么赤小豆薏米汤能治好湿疹。小朋友查找后得知:原来薏米性凉、味甘、淡,入脾、肺、肾经,具有利水、健脾、除痹、清热排脓的功效,可以治疗下肢脚气、食欲不振、脾虚腹泻、风湿痹痛、牛皮癣、湿疹、风湿腰病等症。而赤小豆具备利水消肿、解毒排脓等功效。得湿疹的重要原因是脾虚、体内湿气重,薏米和赤小豆两者均清热利湿,因此可以用于湿疹的治疗。

小朋友对薏米的作用啧啧称奇,这时我说:其他五谷杂粮也有自己独特的食疗作用呢!顺势导入了下面的学习。

(三)推进基于问题的学习活动

前文提到,在"学以致用"式学习中,教师引导学生分析问题,并通过教师指导将学习到的知识串联起来,达到自我学习的目的,表现出实践化的学习方式。

1. 结合实际,提出问题

既然有其独特的营养价值和食疗价值,那么生活中常见的五谷杂粮对身体的作用到底是什么？如何食用？又有什么禁忌呢？

因此,我结合《五谷杂粮中的中草药》的教学内容与生活实际指导,引入了《五谷杂粮探究报告》,具体做法：以小组合作探究的形式,完成综合探究报告《五谷杂粮探究报告》,在了解五谷杂粮食疗价值的基础上,引入如下五谷杂粮食疗知识与运用的问题（见图2）。

五谷杂粮探究报告
① 谁做组长及组内成员如何分工？
② 生活中有哪些五谷杂粮制作的美食？
③ 针对家人的身体如何开食疗方？
④ 如何制作一道五谷杂粮美食？
⑤ 你有什么收获与感想？

图 2　综合探究报告《五谷杂粮探究报告》的形成

2. 自主讨论,达成一致

考验小朋友们的第一个任务就是选出组长,并完成任务的分工。小朋友发挥自己的智慧和力量选组长。有的是投票选组长,有的是大家推荐,有的是用"剪子包袱锤"的方式决一胜负,最后小组内达成一致意见,选出了自己的组长。当然,有的小组最后还是无法达成一致,需要老师帮忙制定规则,并遵守规则选出组长。这一过程考验和锻炼了小朋友的协商合作能力。

组长选出后,任务的分配就显得容易多了,大家采用自愿选择的方式选择自己喜欢的任务,完成了任务分配。

3. 各展其能,协作完成

利用放学后和周末时间,小组成员分头去网上、图书馆查资料,在社区观察,与家人交流,在家进行实际的美食制作、拍照,最终完成各自的探究内容。这个探究过程具有生活化、操作性强、在做中学、边做边学等特点,通过这些措施和多途径、多方法的探究实践,使得整个课程活动成为学生去思维、去探索的过程,浅层次的了解与知识运用并存,综合了多种层次的学习活动。

各方面的任务完成后,小组组员利用周末时间聚在一起,在父母的帮助下整理完成了探究小报告。

（四）运用表现与分享为特征的评价方式

"学以致用"式学习的培养重点是学生各方面能力的提升，因此，注重表现与分享为特征的评价方式。表现性评价的形式很多，包括演示、实验与调查、科研项目（有个体项目与群体项目）、口头描述与戏剧表演、作品选集等。

在本教学案例中，我们主要用了演示、实验与调查及科研项目中的群体项目的方式进行表现与分享性质的评价。报告完成后，利用课程活动的时间，每个小组轮流介绍了自己的探究报告，小朋友们自信满满，脸上都挂着忍不住的喜悦笑容，与大家分享了丰富又各有特点的探究报告内容和过程。如小朋友都寻找到了各式美食，自己制作了美食。四班的杨行思小朋友为自己高血压的外公开出了"黄豆玉米粥"的食疗方来降血压、降血脂，分享了探究报告中的收获与感受。有的小组还观察、思考了生活中家人常见的健康问题并总结开出有食疗作用的五谷杂粮处方。大家经过讨论，认为肥胖、三高（高血压、高血脂、高血糖）、肠胃不好、睡眠问题、皮肤问题是让家人很受困扰的问题，那么，合理安排饮食，并多吃五谷杂粮，可以帮助人们一定程度上减轻这些问题的困扰。

通过这次活动，小朋友都很喜欢上中草药课程，课上心情愉悦，了解到了各种五谷杂粮的不同食疗价值。在探究过程中，我们发挥小朋友自己的智慧和力量，选组长、完成任务，考验和培养了协商合作能力。通过探究报告的完成和交流，开阔了小朋友们的视野，培养了探究能力和动手能力。本次活动取得了家长的支持、配合，有的家长常利用休息时间辅导孩子完成探究作业，增进了家校交流，也增进了小朋友们之间的友谊。

整个《五谷杂粮探究报告》的学习活动，既有智慧技能、言语信息的学习，又需要学生调动认知策略完成任务，同时还锻炼着动作技能，也在潜移默化中培养了学生热爱祖国中医药文化的情感态度。是一项以问题解决为核心，跨越多种层次的、跨认知之界的"学以致用"式的综合学习活动。

四、"学以致用"的注意事项

"学以致用"式的跨界学习能够打破认知活动的界限，提升学生解决实际问题的能力。但是，在"学以致用"过程中，应注意如下几点：

（一）要让认知与运用之间有内在关联

"学以致用"式的跨界学习以任务完成、解决问题为指向，要求学生运用所学知识与多种认知策略，综合进行多种类型的学习活动，最终达成实际问题的解决。因此，陈述性知识的认知学习需要为之后的问题解决打好基础,为之后的问题解决提供相应的知识、方法。

(二)要把握学以致用的度

"学以致用"式的跨界学习指向学生问题解决能力的提高,但是在实际操作中要注意结合不同年龄阶段学生的知识储备、能力基础与人际交往能力进行,提出切合学生实际的任务要求,不能拔高要求,并给予学生相应指导。

(三)要注意评价的表现性与过程性

"学以致用"式的学习活动中,学生能够在老师的指导下完成整个学习过程就是"学以致用"式学习的重要目标之一。因此,要多运用具有过程性和表现性的评价形式,使学生在实际操作中学习知识和发展能力。

(撰稿者:张静)

创意4-2 ‖ 融会贯通：各认知领域共同发挥作用

从2009年开始，我校就开展了中草药探究课程的研究。这个课程对于学生融会了多种学科，如语文、数学、英语、自然、劳技、美术、音乐、体育、信息技术等，将各方面的知识技能贯通于一个课程之中，多元而深入地探究中草药课程，这是一种跨认知之界的教学模式。

一、"融会贯通"的理念和意义

学生面对的生活是整体的，但我们传统的学科教学过于割裂，教育界有个很有名的钟摆问题，课程到底该偏向学生还是学科？我们现在普遍采用分科教学，易于保证所授知识与技能的完整性、连续性和严密性，也给教师的教学带来方便，但这种课程上的人为割裂，会造成学生认知结构的支离破碎，不利于学生综合能力的培养和发展。不少教育专家认为，跨认知之界综合运用多学科知识去解决各种复杂性问题的学习方式，在今天已经变得越来越重要。

（一）有利于培养学生的各种技能和核心素养

随着社会的发展和科技进步，一方面人类知识总量扩大、知识更新速度加快，另一方面，课程设置越来越细化，使各知识相互割裂开来，其弊端和局限性日益突显，从而引发出跨认知学习研究的高潮。我国新一轮的课程改革精神就要求课程结构从整齐划一转向多样化，从分科走向综合，合理设置，体现均衡性、综合性及选择性。大量研究表明，跨认知之界对培养学生的各种技能和核心素养很有助益。

（二）有利于建构活跃学生的思维

在传统的常规教学中，教学活动都是分门分科进行的，教师"孤立"地教，学生"孤立"地学，这容易使学生的知识结构孤立、死板，不懂得学科知识间的相互联系，从而影响到学习效果。通过跨认知教学，教师可从所教学科某一模块知识为出发点，建立其与其他学科的横向联系，并通过教师的启发诱导帮助学生把所学知识融会贯通。

（三）有利于提升学生的综合能力

在教师的引导下，学生通过不同学科的交叉渗透对知识形成整体性和系统性的认识，有利于开阔学生视野，增进学生对知识的理解和掌握，且有利于学生系统学习方法的习得和辩证思维方式的养成，这对于学生综合能力的提高无疑是十分有利的。

不难看出，探究课程是跨认知之界的一个重要载体，它可以提高中草药教学实践与应用的有效性，让学生的实践活动绽放新的动力，而跨认知之界的合作可以促进探究课程更有效地开展。当然，融会贯通这种教学模式对教师来说也是一种挑战。在传统教学体系下，教师往往只专注于本学科知识的教学和研究，对学科外知识较少涉猎，这导致教师知识面狭窄，也使其实际教学能力受到制约。实施跨认知之界的教学可以促进教师不断地去学习新的知识和新的教学技能，且能促进学科之间的交流和碰撞，促进教师自身的专业发展和综合素质的不断提高。

二、"融会贯通"的教学操作

融会贯通，各取所长，互相促进。这种教学模式有一个前提，首先要认识学科间的差异，注重学科探究活动的联结，这是有效落实学生探究课程教学的重要抓手。艺术学科可以欣赏，可以表达。语言学科的知识内容既可以承载文化的内涵，还可以作为表达的工具。数学需要情景，更注重思维的培养。自然学科通过科学探究的过程，既掌握科学知识和科学方法，也感悟科学精神等等。每一门学科都有各自学科教育的魅力，认识这种差异性，是融会贯通教学实施的一个重要经验。

（一）"融会贯通"的操作框架

运用融会贯通的方式开展探究活动，首先要打破原有知识体系和技能体系的学科界限，强调以学生的经验、实践活动和合作探究为核心，对课程资源进行整合，以有效地培养和发展学生解决问题的能力、探究精神和综合实践能力。进入到学科设计，是教师的专业领域，任务活动的设计、教学流程的规划、学生活动的拓展，教师们都有丰富的经验。而运用融会贯通的方式开展探究活动时，设计教学不仅局限在单一学科的目标达成上，更重要的是思考不同学科活动最终达成的项目目标的设计与规划上，因此，融会贯通的探究课教学设计，有一些不同于以往学科设计的要求。它的具体操作框架如下：

1. 建构知识地图

所谓学科知识地图，就是围绕一个中草药植物探究课主题，将所涉及的学科以及课题，通过简要的图示进行内容和逻辑的建构和架构。

2. 制定教学目标

在具体的设计中会发现，每一个学科都有自身教学的内容和要求，又有合适各自探究的特色。比如,自然学科在探究内容的承载上会更为丰富,语言、美术、信息、体育等在知情表达和行为实践上是非常好的载体,数学在问题框架、思维发展上具有独特的作用,等等。制定好分学科目标之后,可以使用布鲁姆的目标核查表,进行目标核查,力求通过不同学习活动来满足学生多元化的需求。

3. 探究活动设计

运用融会贯通的方式设计探究活动是从学生认知向内化行为发展的一般顺序。主要通过一定的情境或活动,抛出对探究主题的初步感知,激发学生继续学习的内在需求和学习动机。然后按照一定的逻辑顺序,通过学科与学科之间的载体的递进关系,以及学生认知与情感发展的把握,有序地加以落实和实施。最后对探究课有一个汇总、拓展实践或者交流分享及评价。

(二)"融会贯通"的学习特征

融会贯通的学习特征体现在多方面,如同一个单元或单元间各学科要能渗透融合,学科知识间要达到联合贯通,以及在主题学习中各学科要能整合不分割,具体如下:

1. 单元学习中的多元性

教师以活动主题的形式,计划和安排中草药课程的教学内容和顺序,教师引导学生利用其他学科的内容帮助理解中草药知识。如二年级研究的主题是"五谷杂粮中的中草药",在第2单元五谷杂粮制作板块的教学中有这些内容:认识不同的种子双语教学(语文、英语学科)、探索种子的奥秘(自然、信息学科)、神奇的种子贴画(美术学科)、种子沙包(劳技、数学、体育学科),这些内容由同一位教师教学,这就将各门学科的内容和方法融会贯通在中草药课程中了。

2. 单元学习间的融合性

全校性的中草药植物探究课安排在每个单周星期五的下午两节课开展,每两周每个班级都会有一个不同的老师教学不同的主题单元,如第1周和第3周一到五年级1班上的是认知板块、2班制作板块、3班种植板块、4班应用板块、5班文化板块。老师走班制,两周教学后老师再换班级上课。但是整个年级都是围绕着"蔬菜中的中草药"这个主题进行教学,这个主题涉及多个学科的知识,每个班级的课表都是不同的,有的班先上了认知板块再上制作板块,有的班先上了文化板块再上种植板块,但一个学期下来,这些内容学生都会学一遍,只是各种学科在脑海中建构的先后顺序不同,这一定是一种奇妙的"融会贯通"。

3. 学科知识间的联合性

中草药探究课由一个多学科的教师团队组成,语、数、英、综合课等学科教师,涉及各门学科,每学期有 50 余名教师参与教学。根据主题的不同板块,教师在备课前会结合各自的学科特长认领教学板块。如自然学科教师认领了种植板块、语文老师认领了文化板块、数学老师认领了应用板块等。课堂中学生从不同学科教师那里学到的内容是彼此联系的,从而将多个学科的知识有机地整合起来。

4. 主题学习中的整合性

教师引导学生围绕一个主题展开有计划的实践活动,将多个学科的知识和技能有机整合起来,学科界限模糊了。如一年级蔬菜中的中草药这个主题中的文化板块"读儿歌识草药"中的一节课——探究含羞草,学生通过摸一摸实物、观察图片认识了含羞草的特点,然后通过查找资料收集到了它的药用价值,接着学唱学跳一首含羞草的儿歌,最后自编一首儿歌做成小报。在这节课中融合了多个学科的内容,不同年级的教师和各学科的教学都指向学生对同一主题不同方面的理解,不存在学科分割了。

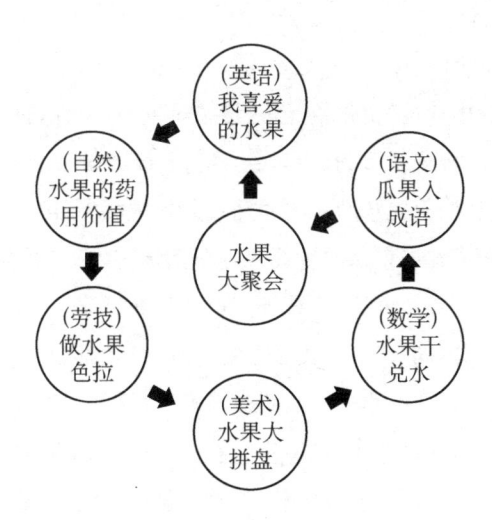

三、"融会贯通"的教学案例

"融会贯通"的教学活动丰富多样,有时是文学与艺术的碰撞,有时是数学与科学的有机融合;有时只是两个学科间的融合,有时则要贯穿于三四门学科,但最终都要达成预定的教学目标。在"融会贯通"的操作框架下,分三个步骤开展教学:

(一) 以单元为例建构知识地图

开展"融会贯通"的跨认知教学活动,首先要建构知识地图,通过连接箭头的方式,表示出各学科教学的先后顺序。以下以三年级"水果中的中草药"制作单元为例建构的知识地图,将通过教师帮助学生把所学各门学科知识融会贯通。

(二) 以一节课为例制定教学目标

理清了各学科的知识地图之后,要制定出相应的教学目标。以下是一年级中草药文化单元的一节课——《探究含羞草》,我制定的教学目标是这样的:(1)通过观察、比较等方法学会区分含羞草和相近植物,并通过绘画的形式加深对它外形特征的印象;(2)通过欣赏动画视频了解含羞草之所以会"害羞"的过程和原因,并通过自编儿歌使学习过程童趣化;(3)通过情境表演和讲故事的方式了解含羞草的药用价值和功效,学会一些常用的止血、止痛的方法,培养学生良好的行为规范。第一个目标是运用了美术和自然学科的方法学习探究自然学科的内容;第二个目标是运用了语文学科的方法学习探究自然学科的内容;第三个目标还运用了自然学科的知识对学生思想品德等方面进行了生命教育。跨越多个学科的教学目标正是"融会贯通"教学模式的特点。

(三) 探究活动设计

1. 创设情境激发学习动机

四年级"花草中的中草药"文化单元中《话说香囊》这节课,孙佳老师结合了品德与社会学科中端午节这一传统佳节的内容,让学生了解端午节的一个习俗是佩戴香囊,再进一步了解香囊是我们祖先巧妙地将中药用于保健、防疫的实例。接着通过让学生查找资料,让学生们知道香囊里一般用哪些中草药填充,很多具有芳香气味的中药,如藿香、苍术、菖蒲、丁香、薄荷、紫苏、雄黄等都可以填充香囊。

学习这些中草药的不同药用是比较枯燥的,这时教师引入了《白蛇传》的传说故事,让学生带着问题"为什么白娘子不敢喝雄黄酒"去调查。探究后学生们得到了许多结论:(1)原来雄黄可以解蛇毒,蛇很害怕这种味道;(2)端午节气时,雨水渐多,气候潮湿,蝎、蛇、蜈蚣、壁虎、蟾蜍等五毒出动,各种传染性瘟疫、疾病随之发生;(3)男人们喝雄黄酒可以驱这些虫蛇,小朋友们佩戴香囊,额头用雄黄酒写上"王"字也有相同的作用。

了解了雄黄这种中草药后,教师又抛出了第二个问题"雄黄的好朋友是谁?"有了第一次探究体验,学生们马上开始查找资料,找到了正确答案——雌黄。紧接着学生又联想到成语"信口雌黄",它是什么意思呢?这时有学生自觉地查找了"雌黄"的中草

第四章 跨认知之界：迈向"深度学习"的境界

药性,当知道原来是古代的涂改液后,同学们就不难知道这个成语的含义了。通过小组合作交流,学生都找到了这个答案：这个成语指的是古人用黄纸写字,写错了,用雌黄涂抹后改写,意为随口更正不恰当的话,后指不顾事实、随口乱说或妄作评论。

创设情境激发了学生的学习动机和欲望,中草药课变成了一节有趣的探究课,同学们不但知道了很多端午节的习俗,认识了中草药的用途,还掌握了一个成语的渊源。这种"融会贯通"的教学方式也灵活地跨越了品社、自然、语文等多学科的界限,让学生学得更快乐。

2. 以学科为载体开展多元学习

三年级"水果中的中草药"认知单元中的一节课——《根据体质吃水果》,它是学生已经了解了许多水果的形态特征、分类和营养药用价值这些内容后开展的第四课时。教学一开始,教师就提出了两个问题：你知道自己是什么特性体质的吗？水果能随便乱吃吗？学生立刻被这些问题吸引住了。接着教师给每位学生分发了学习单——中医体质问卷调查表,其中有一个是阳虚质调查表,它要求学生根据近一年的体验和感觉,回答以下 7 个问题：(1)您手脚发凉吗？(2)您胃脘部、背部或腰膝部怕冷吗？(3)您感到怕冷、衣服比别人穿得多吗？(4)您比一般人受不了寒冷,如冬天的寒冷,夏天的冷空调、电扇等。(5)您比别人容易患感冒吗？(6)您吃(喝)凉的东西会感到不舒服或者怕吃(喝)凉东西吗？(7)你受凉或吃(喝)凉的东西后,容易腹泻(拉肚子)吗？然后回答都分成 5 个选项并与分值相对应,如没有(根本不)1 分、很少(有一点)2 分、有时(有些)3 分、经常(相当)4 分、总是(非常)5 分。最后统计数值累加来判断是否有阳虚质的倾向。

首先通过认真填写《中医体质分类与判定表》中的全部问题,接着学生要运用数学学科的方法进行统计计算,每个学生都找到了自己所属的体质,或湿热质、或平和质、或阴虚质,等等。当然最后的判定结果是有严格规定的,学生们先要学会计算原始分及转化分,依标准判定体质类型。这时需要学生再次运用数学统计学上的一些方法了。教师先指导学生理解两个概念：

原始分 = 各个条目的分值相加。

转化分 = [(原始分 − 条目数)/(条目数 × 4)] × 100。

接着让学生了解到平和质是一种正常体质,其他 8 种体质为偏颇体质,又出示了判定标准(见下表)。

平和质与偏颇体质判定标准表

体质类型	条件	判定结果
平和质	转化分≥60分	是
	其他8种体质转化分均<30分	
	转化分≥60分	基本是
	其他8种体质转化分均<40分	
	不满足上述条件者	否
偏颇体质	转化分≥40分	是
	转化分30～39分	倾向是
	转化分<30分	否

经过学生的再次统计计算，许多学生都得出了结果，了解了自己是什么体质。如学生1，他的各体质类型转化分如下：平和质75分、气虚质56分、阳虚质27分、阴虚质25分、痰湿质12分、湿热质15分、血瘀质20分、气郁质18分、特禀质10分。根据判定标准，虽然平和质转化分≥60分，但其他8种体质转化分并未全部<40分，其中气虚质转化分≥40分，所以并不能判定自己是平和质，而应判定为是气虚质。

通过本节课以数学学科为载体的探究学习，学生运用到了数学统计的思维计算出了自己的中医体质分类情况，并进一步学习根据不同体质选择吃不同的水果，科学饮食。甚至研究了如何让偏颇体质的人通过吃一些特定的水果来改善自己的体质，成为一个平和质的人。学习完这个内容，学生们纷纷表示受益匪浅，并非常想给家人、朋友测一测，了解家人的身体状况，同时也看出"融会贯通"的这种教学方式是有意义的。

四、"融会贯通"的注意事项

尽管"融会贯通"的跨认知探究课程有利于学生思维的建构，提升了学生的综合能力，促进了教师的专业发展，但是这一做法也有值得注意的方面：

（一）深入理解，合理运用

"融会贯通"的教学形式比较多样，也比较复杂。联合式教学虽然让学生从不同的学科教师那里学的内容是彼此联系的，但是很容易搞混淆，从而影响整个的学习效果。整合式教学虽然也能让学生将多个学科的知识和技能有机整合起来，但学科界限却又模糊了,也有一定的局限性。总之,一个事物有好的一面,也有坏的一面,就像一把双刃剑,关键是看你如何对它的运用和理解。

(二) 多元融合非简单堆积

科学与人文一定要相互有机融合,今天的自然科学要将关注社会、关注人类与自然的和谐发展作为重要的教育目标之一。在处理不同学科课程多元融合的关系上,要注意在准确区分科学与人文教学内容的各自内涵和价值基础上进行有意义的渗透,而不是简单的堆积。

当然,"融会贯通"的这种跨认知探究课程也存在一些共性问题,比如对探究主题的教学目标核查,还缺乏足够的认识和应用,造成跨认知教学设计与实施存在一定的偏颇。但通过实践可以看到,"融会贯通"的探究课是一项创新举措,它赋予学生养成更充分的学习、动手实践的过程,提升了探究课程的整体效果。

(撰稿者:吕慧莉)

第五章

跨时间之界：课程变革的一个重要维度

时间是课程的重要维度。针对课程特点选用"慢条斯理"的方法，我们让课程活动长短相宜：长课时是学习耐性的考验，短课时时间短、目标准、学习活。"跨时间之界"活跃了课程实施，提升了课程质效，觉醒了课程意识，形成了课程文化。

创意 5-1 ‖ 慢条斯理：把时间留给孩子
创意 5-2 ‖ 缩地成寸：浓缩精华于课堂

以往一节课一般是35分钟或40分钟,而我校在长期积极探索长短课、大小课、跨年级、多学期等多种安排方式的过程中,每节课从35分钟延长至"35+10+35"的课时安排(其中10分钟为两堂短课时之间的过渡时间)。我们的课程中有一些观察活动需要连续经历较长的一段时间,我们通常选择适当延长这些观察活动的教学课时,而后又用课堂时间进行活动呈现,开展评价。相比1课时的教学活动,跨长短课时间之界的观察活动具有连续性、周期长的特点。在教学实践中,教师采取与学生一起亲历观察过程、吸引家长参与、完善记录单、及时反馈以及开展积极评价等措施,从而,促进长课时观察活动有效开展。

长课时的观察活动往往需要学生在课外完成,所需的周期也较长,这是对教师组织能力和学生观察实验能力、观察耐性的考验。在中草药课程中开展长周期的观察活动,对于培养学生的科学探究能力,养成耐心细致的态度,进一步提升学生的科学素养,具有非常重要的意义。而短课时出现了时间短、容量大、效率高、目标准、教法实而活等特点。这样的课型在师生共同改变的过程中,促进了课堂教学的实效性。

"跨时间之界"的激励措施催生教师课程重组意识。"跨时间之界"的实践,为教师的专业发展开启了一扇窗,点亮了教师潜在的智慧,也催生了教师的课程组合开发意识。如五年级的《正气良方制香袋》正是由端午节的由来、薄荷的种植、常见中草药的识别、动手做香袋这4个课程内容组合而成的。学校对具有开发能力与兴趣,并有明确课程方向的教师或教师团队给予课程开发的多项支撑和激励,让其得以优先发展,这种支撑和激励催生了教师的课程创新意识。

"跨时间之界"的课程实施确保了本项目的有效性,保证学生成长中的有效学习,掌握必备的知识技能。长短课的实施促发了教师对课堂时间的尊重,对课堂预设的精心与对课堂生成的精彩成为教学的追求。我们关注每一节长课和短课的实效性,精心预设,锁定课堂精彩。长短课制更加关注学生的主体性,考虑到了学生的年龄特征和心理特征。如三年级《认识水果中的中草药》安排了1课时,而《中草药水果的应用》则安排了3课时,让孩子们在玩耍中学习,在快乐中成长,在具有变化的节奏中、在丰富有趣的教学活动中体验学习的乐趣。

"跨时间之界"的课程实施同时提升了课程的研究性——增强教师的课程意识、课程的开发能力,形成学校的课程文化风格。本项目的开发需要作为课程实施者的教师主动思考、研究。长短课的开发也引发了学校教师发展课程的丰富,助推教师课程开发能力的提升。如四年级《闻香识草药》中设计了藿香小探究、薄荷小探究、艾草小探究、花草入佳肴、花草茶配方等一系列深入探究,教师的学习与研究贯穿教育教学的全过程,与学校常态的教育管理行为、教研活动、课程开发与设计等工作相结合,在学习中思考,在教育中感悟,在教学中反思,在交流中提升,在实践中成长。

(撰稿者:崔紫英　娄华英)

创意 5-1 ‖ 慢条斯理：把时间留给孩子

教育是慢的艺术，需要留足等待的时间，成长是一个"浪费时间"过程，在这个过程中放慢学习的节奏，让孩子学得明白，悟得透彻，才能让他们做得主动。"慢条斯理"是打破课堂教学时间的界限，以探究活动与学习任务为引导，利用一段连续的课余时间进行跟踪式观察思考的跨界学习活动，多用于种植养护教学活动。

一、"慢条斯理"的理念与意义

心理学上有个"酝酿效应"，是指在解决问题的过程中，我们都可以发现"把难题放在一边，放上一段时间，才能得到满意的答案"这一现象。日常学习中，学生常常会对一个现象束手无策，不知从何入手，这时思维就进入了"酝酿阶段"。直到有一天，当我们抛开面前的问题去做其他的事情时，百思不得其解的答案却突然出现在我们面前，令我们忍不住发出类似阿基米德的惊叹，这时，"酝酿效应"就绽开了"思维之花"，结出了"答案之果"。

放慢教学的节奏是扶助我们的孩子形成价值观和伦理观，使他们在慢车道上快乐生活的教育。这给了他们一个机会，去倾听别人的所学内容然后讨论、争辩，并根据这个知识反思，去获得这个知识对他们的意义的更大理解，以及对这个知识他们如何运用的理解。

（一）有利于深度学习

"慢条斯理"式学习是经过深思熟虑的学习过程。它融合着学习者的情感，并联结着每个人的生活。它使学习不仅为生活做准备，更成为生命意义的重要组成部分。它不单单满足认知，更关注理解与交流；它不仅仅关注儿童学习，也与成人学习紧密相连；它不只是调动人的智力资源，更强调精神、情感的全人参与以及社会资本的鼎力支持。如果说"浅表性的学习"只是信息的传递，那么"深度的学习"才是智慧的培育，才能真正激发起学习者持久的学习兴趣和动机。而意义的获得正是基于学习者对以往学习的体验和再认识，并通过与外部世界的相互作用建构知识的内在心理表征，实现新旧知识间实质的、非人为的联系，并融入个人的理解与特殊的价值。正是这种通过情境性的学习使得学习者更看重问题背后的原理而非仅仅是正确答案的本身，这比学生由浅表无意义的学习更能获得对问题的真正理解。

(二) 有利于"多元"融合

"慢条斯理"式学习适应了新世纪赋予教育的多种使命及可能存在的多种教育形式。它意在用知识武装学习者,使得他们能够获得终身学习的能力,不断扩展知识,发展能力,转变态度,以直面急剧变化世界的种种挑战。因而,"慢学习"呈现给我们的是多元融合的知识体系,它既要求学习者学会认知,获得广博普通的知识和精准的专业知识,为持续学习奠定基础,又要求学习者"学会做事",培养能够将知识运用于实践的能力,以主动应对多变的环境,更强调学习者要"学会生存",赋予人们思考和判断的自由、情感和想象的空间,以塑造高尚的道德品质、强烈的责任感和正直的伦理判断力。

(三) 有利于自主对话的学习

"慢条斯理"式学习如同"慢食",彰显品味过程的精彩,更看重对待学习的从容淡定。"慢条斯理"式学习是回归学习本质的学习,让学习者进行从已知到未知的探寻。在"慢"中惬意地同新的知识对话,同新的世界对话,同其他学习者对话,同自己对话。在对话过程中,使学习者在轻松中辩论和思考、欣赏和唤醒。

总之,"慢条斯理"式学习适当地放慢速度方式,让生活节奏慢下来以关注心灵、环境和传统协调,追求在生活中找到平衡,张弛有度、劳逸结合,提高生活质量,提升幸福感。"慢条斯理"式学习也不是拖延学习时间,不是慢吞吞地学习,而是以适当放慢学习速度的方式,让学习速度慢下来以关注发生、发展和应用,追求对知识的敬畏,品味欣赏,反思实践,提高学习质量,体会学习的快乐。

二、"慢条斯理"的教学操作

《美国国家科学教育标准》中提到:"在通常的课堂教学中,学生常常只能经历探究的某些方面,但教师要创造条件,让学生经历探究的完整过程。"这段话道出了课堂教学时间范围上的局限,同时也提出了为学生提供完整经历完整探究机会的要求,而"慢条斯理"式教学则是实现的途径。

(一)"慢条斯理"的教学框架

"慢条斯理"式的学习活动,强调教师通过合理的时间安排,课内外紧密结合,克服单一课堂教学的局限,拓展学生的探究时间。通过较长时间的跟踪观察,学生获得的不仅是知识上的认知,而且有丰富的经历和多方面的体验。课内外结合的探究活动需要教师对学习内容、探究过程、学生的组织等方面有整体的安排和深入的思考,对学生要有更多的关注和指导,引导学生在整个学习过程中提出自己的问题和假设,通过观察、实验、调查等手段寻找证据,再运用一定的规则作出解释。这样的过程常常不是一次完成的,需要多次的反复,学生经历这样完整的探究过程不是一蹴而就,而是需要时间的。在此背景下,以指导学生课内外探究活动为线索,提出"慢条斯理"式学习活动框架,划分为四个阶段:提出假设、探究操作;对比观察、寻求证实;课堂讨论、头脑风暴;结论表达、再次实践。(见图1)

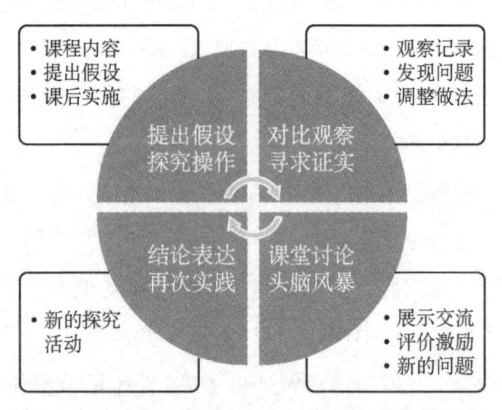

图 1 "慢条斯理"式学习活动教学框架图

(二)"慢条斯理"的教学特征

1. 连点成线。学生在课堂内外进行的科学探究包括一系列的活动,如他们需要观察研究对象、发现问题和提出问题;需要利用已有的知识,经过深思熟虑对问题做出猜想或预言,提出自己的假设;需要查阅各种信息资料,对假设的逻辑含义进行推断;需要设计调研或实验方案,找出和控制可变因素对其进行实验;需要收集、分析和解释数据,运用逻辑和证据做出答案或解释;需要利用各种图表交流得出的科学结论,并对不同的观点或批评意见作出反应,等等。学生花一段时间经历这些活动,慢慢地在脑海中把这些知识技能由点串联成线,形成一个较为系统关联的知识体系。

2. 整体统筹。在教学过程中教师应该有一个整体统筹教学计划,而学生是主体,他们是否具有积极的探究态度和保持旺盛的探究热情,是否主动地参与探究求知事物或现象的学习活动,直接关系到能否达到预期教学目标。在探究教学过程中教师的主导作用是多方面的,首先,教师在制定教学计划时,要尽可能增加学生活动课程中所占的比例;要根据课题的需要创造良好的教学环境,为学生进行科学探究提供必要的时间资源;在确定课题的具体探究内容和教学活动时,要使之适合学生的兴趣、知识水平、领悟能力和他们的经历,尤其对从学生所经历的事物中产生的一些实际问题进行探究。

3. 开放探究。"慢条斯理"式学习活动应是一个开放的活动系统,其开放性要求我们正确看待探究教学与其他学习方式的关系,诸如创造性教学、掌握学习、合作学习、启发式教学等。学生不局限于课堂教学最初的活动设计,而对活动中生成性问题进行继续探究。这样的教学模式不仅让学生丰富认知,更是在鼓励学生依照自己的所想所爱去探究,反复尝试,敢于实践。整个完整的活动设计不仅突出学生在过程体验中的兴趣培养,鼓励他们自主活动探究,争取全面发展,更是初步培养了他们去尝试探究自己生活的世界的兴趣。

三、"慢条斯理"的教学案例

"慢条斯理"的教学框架以活动为引导,组织学生亲身经历探究过程。《生姜的种植》是我校中草药探究课程一年级种植板块的一部分,在教学这一课题时,我指导学生进行了"慢条斯理"的跨界学习活动。根据实际课程开展的时间、地点、温度等条件,我将本次活动分为四个阶段。

第一阶段:介绍植物,提出种植假设,并课后栽种

因为在活动前学生已做了相关的知识储备,所以在活动一开始我让学生直接拿出今天活动的主角——生姜,直接激发学生内在的探索兴趣,然后采用直接提问的方法:"请你看看生姜是什么样的?什么颜色?"因为一年级学生年龄特点,他们的表达可能有一定的局限性,所以这时候老师的引导非常关键,及时鼓励或肯定学生的回答,并根据学生的回答及时小结生姜的外形特征。在学生认真观察后,帮学生把生姜切开,看看是什么样的?里外的颜色一样吗?学生描述得一个比一个仔细。这样既增强了这个环节的趣味操作性,也潜意识地丰富了学生的词汇和肯定了学生的大胆表达。请学生把观察到的生姜画下来。

为了更好地帮助学生运用即将获得的种植技能,解决本节活动的难点问题,在本环节我采用了老师引导学生共同探索讨论的方法来进行。在观看 PPT 了解种植的方法技能之前,先提问:"你会种生姜吗?我们种生姜需要什么?"与学生一同讨论需要的材料和器皿、土、洒水壶等,再看 PPT 加以确定。

接着又将难题抛给学生:"怎样把生姜种到土里呢?"同学们有的坚定地说全埋进土里,有的反驳道留一半露在外面,还有的想放在土壤上面……在思辨过程中我引导学生自由讲述自己的想法,鼓励学生积极说、大胆说,用完整的语句表达自己的猜测。在课堂上老师并不马上演示种植过程,而是把悬念留给学生,让学生课后根据自己提出的假设进行种植活动。

第一阶段锻炼了学生的想象力和表达能力,同样在与小朋友分享的同时也积累了相应的经验。

第二阶段:进行观察记录、发现问题,并进行调整

种植记录是一种对现象的观察、记忆、记载和回放的过程,同时也是引起思维的一种直接的反应,是人们对事物现象进行思考和归纳的凭据和工具,更是学习的一种手段。本次教学我也借助《生姜种植记录表》引导学生课后参与到探究观察活动中去。从记录方法上看,记录是多种多样的:可以用数字表格,更多地运用于测量活动,学生将测量结果用数字填写在表格中;可以画成图,这类记录在低年级中应用得最为广泛,一年级学生受识字能力的限制,画画成为他对外表达的最常见方式,同时也是最佳方式,在各种记录中都可以运用;可以用简单、单一的文字表述,这类记录需要学生与家长的协同合作。一年级多是由学生自由描述、家长记录。根据实际情况,我设计了《生姜种植记录表》如下见图2:

生姜种植记录表

观察者:_____   种植环境:_____

时间	生姜的成长情况(用绘画或照片表示)

种植期间发生了什么特别的事情?我的发现:
_____
_____

图2 《生姜种植记录表》

刚开始记录时,学生兴趣高涨,过了一周当我询问起学生的种植情况时,大部分学生反映他们每天都记录,但是生姜几乎没有生长。看着一张张委屈的小脸蛋,我对他们坚持记录的行为进行了表扬和鼓励。随后建议他们调整种植方式,启发他们从温度、水分上动动脑筋,并向学生推荐了学校的人工气候箱。学生没有接触过人工气候箱,都被这新奇的现象吸引住,激发了学习兴趣和探索欲望,启发了学生的创造思维,全身心地投入到学习活动中去,达到了最好的教学效果。有的学生迫不及待地从家里带来了生姜"寄养"在人工气候箱里,有的学生还是决定在家里再试一试,整个过程我放手让学生自己决定,教师起到的只是活动的引导作用,活动的主角还是学生自己。

第三阶段:展示交流、课堂讨论,并发现新的问题

"慢条斯理"式学习活动耗时较长,在经过近两个月的种植经历后,我请学生把生姜带到课堂上展示交流。

当两个学生拿着自己的生姜仰着脑袋来询问我为什么一个长得快一个长得特别慢时,我在课堂上开展了一番推理大赛,从学生介绍种植环境后,学生自己分析出生姜适合生长的环境。美国心理学家布鲁纳认为:最好的学习动机是对所学知识本身有内在的兴趣。教学时有效地设置疑问,能极大地促进学生探究的兴趣。学生感到疑惑,思维处于欲罢不能的愤悱状态,产生了探究的动机。

在答疑解惑的同时,我也发现了一部分学生的学习兴趣有所下降。儿童心理学表明,儿童在从事一件较长时期的任务时,如果没有持续的刺激,想要让他们保持足够长的注意力是不可能的。"慢条斯理"式学习跨时较长,有个别观察活动对儿童的吸引力不足,难以持之以恒,学生在遇到困难时容易放弃。比如说生姜种植的记录,我班里绝大多数的学生都能把第一、二周的记录做得相当认真、仔细,但是能坚持记录的就不多。这时我推出了《生姜种植》探究课堂评价表:

《生姜种植》探究课堂评价表

评价项目	评价要求	自评	师评
表达	能简单用语言、文字或图画描述生姜生长的过程变化	☆☆☆	☆☆☆
观察记录	坚持种植,并把种植中的变化与发现记录下来	☆☆☆	☆☆☆

续 表

评价项目	评价要求	自评	师评
发现探究	能从种植过程中有所发现并尝试继续进行探究	☆☆	☆☆☆
书写	探究作业书写整洁、美观	☆☆	☆☆☆

低年级用符合学情特征的☆来评价,☆的多少与学生的学习表现成正比,评价量表从学生表达、观察记录、发现探究、书写这四个能力维度全面评价学生的探究情况。这张表格一推出,在班级掀起一股集星潮,将学生的种植探究兴趣又一次激发起来。

第四阶段:新的探究活动引发再次实践

当教学流程接近尾声时,翻阅学生的观察记录表,在"我的发现"一栏中,学生不仅写下了探究种植中的收获,还有不少学生提出了一些新的假设。

在探究过程中,随着活动的深入,学生会遇到新的问题,对于新问题的探究欲望可能比上一个问题更加强烈,对于学生这种强烈的好奇心和求知欲,教师要做的就是顺水推舟,把研究继续下去。于是,我在课堂上分享了这些学生的想法,并且鼓励学生继续探究,让其他同学也充分体会到"科学想法"得到了充分的尊重。我认为对于学生的问题要肯定,并给予回应,这样一来没有提问的同学都会想:"这样的问题也是我想问的呀!""这问题要是我来提该多好呀!"逐渐的,在课上越来越大胆地说出自己的想法;逐渐的,思维越来越活跃!从"爱提问"逐步变得"会提问"了。长此以往,科学的学习方法"问中学"被学生逐渐掌握,自学能力也不断提高。

探索是人类的天性,研究是进步的阶梯,变幻莫测的大自然给孩子们带来惊异、未知和困惑,也给他们带来探索、追求和创造的有利条件。在教学过程中,我们应该给学生自由,把时间留给孩子。

通过这次"慢条斯理"式的跨界教学,我体会到:这种教学法改变了过去"填鸭式""满堂灌"的做法,因为"填鸭式"教学偏重于知识的传授,而"慢条斯理"式教学一环扣一环,探究一波接一波,容易吸引学生的注意力,使他们更灵活地掌握新知识;这种教学法同时也消除了过去学生学习中的紧张、枯燥、厌烦、苦恼等情绪,体会到了自主学习的乐趣。但是,"慢条斯理"式的教学,课堂教学目标灵活不确定,较难把握。总之,在进一步完善之后,争取让所有的孩子都能轻松、快乐、主动、积极的学习!

四、"慢条斯理"的注意事项

(一)教师指导——"扶一把"

教师亲自参与学生的观察活动,一方面能够在实践中获得第一手资料,丰富自己的教学经验;另一方面,通过与学生的交流,发现活动中的问题,帮助学生理解活动的意义,促进活动顺利进行。在教学《生姜的种植》时,我与学生一起种下了生姜的种子,悉心照料,每天都对生姜进行观察、记录。经过一次亲历活动,教师了解了种植生姜过程中有可能出现的状况,就能有目的地提醒学生观察的注意事项,比如如何种植才能让生姜生长得更好等。这样,学生无论是在学校,还是在家中进行长周期观察,都更容易获得成功。

在学生开展观察活动之前,教师应让学生明确观察方法和观察要点,帮助学生制定具体可行的计划,设计简单易填的观察记录表。活动开展后,教师也不能只关心学生完成了多少作业、产出了多少作品,还应该主动发现和关注他们还有哪些不懂的地方。当学生遇到困惑时,教师就可以给予他们及时的帮助,引导学生学会观察、比较、分析和整理;指导学生从书籍、网络中获取资料。

(二)家长参与——"帮一把"

开放的探究课使得学生的学习活动时间由课堂延伸至课外,走向生活,走向社会。家长也是学生的老师,一位很重要的"导师",因此,教师要想方设法使家长认识到探究活动中观察的意义。这也是评价孩子学习的一项重要依据,是发展孩子综合能力的重要载体。教师要利用好家长会的机会,进行宣传教育。学生在家需要搞什么活动,需要准备些什么材料,要求学生记录在记事本中,并向家长进行汇报,争取家长的配合与支持。比如有些实验材料可以由家长帮助提供;种植生姜需要的生姜、土壤、花盆等,家长可以陪同学生从菜场挑选购买;观察种植活动中,又可以陪孩子一起观察;记录时,又可以帮着提醒,等等。

(三)良好记录——"留一把"

实验记录是学习成果的体现方式,是学生参与探究学习的依据。学生是否会观察,观察是否全面,实验操作是否正确;收集信息、整理信息、小组合作的能力怎么样;学生参与探究学习活动是否主动积极,是否持之以恒;能否尊重证据、尊重事实等等,都能从学生的科学记录中得到反映。在进行"慢条斯理"观察活动时,我要求学生有专用的观察记录表,记录观察活动中的各类发现、原始数据、实验过程,甚至是存在的问题、失败的原因等。教师应及时检查学生记录的情况,了解学生的参与程度、活动成果、学习轨迹,以便及时修正教学策略。对记录结果做得好的或有代表性的记录进行表扬和展示,让学生自己进行比较,寻找差距及时补上。

(四)及时反馈——"提一把"

小学生意志力比较弱,兴趣转移快,在课外观察活动容易出现"虎头蛇尾"的现象。及时反馈可以让学生在课外观察活动中尝到成功的喜悦,激发学生的学习动力,保护学生的积极性。在观察活动期间,教师可以定时安排10分钟的上课时间对此进行交流。还可以利用上课前、下课后与学生交流谈话,检查了解学生观察活动的进展情况,给任务完成好的学生一些鼓励,给遇到困难、问题的学生一些指导,给没有行动的学生以督促。反馈的形式可以采用展示法、个别交流法、学生与教师之间的探讨等。为了让大家能坚持观察活动,我常在班级中进行一些激励活动,例如分阶段以讨论会、信息发布会等形式把他们取得的成果进行宣传,进行阶段评奖。奖品一般是小制作或观察探究工具,一个小放大镜、一把塑料小镊子会让学生高兴许久,让他们感受克服困难后取得成功的喜悦,增强他们的自信心。

经过一段时间的实践探索,我和我的学生们共同进步,取得了明显的成效。与此同时,如何使"慢条斯理"式教学活动从"有效"走向"高效""长效"也引起了我的思考,怎样建立一个"慢条斯理"式活动的长效机制还值得我们继续研究。

(撰稿者:崔紫英)

创意 5-2 ‖ 缩地成寸：浓缩精华于课堂

"缩地成寸"据说是一派道门的功夫，功夫到家的，能将万里之遥缩成一寸，故仅仅迈上一步就能超过孙悟空的跟头。作为教师，面对芸芸学子自然也需掌握"十八般武艺"，"缩地成寸"就是其中之一。课堂不过三尺讲台，尽管有媒体技术的支持，但孩子们知识的获得还需直观呈现，他们需要闻到、听到、看到、触摸到，这才是孩子们获取知识的最佳途径。"缩地成寸"的功夫应用到课堂中来，就是用有限的空间与时间，为孩子们最大限度地拓宽眼界，浓缩时间，呈现最直观的微观世界。

一、"缩地成寸"的理念与意义

本课程中多为验证、设计、研究创新类的实验活动，强调学生在教师指导下，围绕某个问题自主地进行实验、观察现象、分析结果，从中发现科学概念或原理。小学生探究过程中可以借鉴心理学中的研究方法进行研究。

心理学中，在研究儿童发展过程时，研究者经常采用纵向设计和横断设计的发展研究策略。横断设计又称横断研究，是指在同一时间内，对不同年龄组的被试进行观察、测量或实验，以探究心理发展规律或特点的研究设计。由此引申到植物种植板块的课堂呈现，尽管植物的生长过程非常漫长，无法在一堂课中呈现完整的过程，但是可以借鉴横断研究的设计方法，将漫长的过程缩短，将植物在不同时间段出现的生长特征呈现出来。如在大蒜种植中，需要学生针对大蒜在不同阶段的生长过程，运用横断设计的方法，可以在课堂中呈现大蒜种植 3 天、7 天、10 天、14 天的样子，让学生观察大蒜在这四个阶段的生长过程，将漫长的生长过程浓缩于一节课中，做到"缩地成寸"。

（一）有利于充实课堂

为了调动学生学习的积极性，真正实现"倡导积极主动、勇于探索"的学习方式，就需要有丰富多彩的教学资源，使学生切身体验到知识的广泛应用和其中的乐趣。中草药的种植板块也是如此，例如实践板块，大蒜种植的基本教学思路是：认识大蒜，种下小生命，记录成长过程。在种植过程中，学生往往会遇到这样那样的问题，而且每个同学遇到的问题也各不相同。如果能将这些内容都在课堂中呈现，就能让所有小朋友直观面对问题，探讨解决方法，拓宽思路，在自己种植的过程中加以实践。因此，我们的课堂需要"缩地成寸"。

(二) 有利于直观呈现

小学生的抽象逻辑思维能力差,更多的是借助感性认识,结合学生生活经验的积累,在感受中进行学习。如在小学数学教学中,运用实物、模型、挂图以及参观、操作等手段进行教学,称为直观教学。直观教学有助于学生获得感性认识,就是通过实物或实践,外界事物作用于学生的感觉器官而在学生大脑中产生的感觉、知觉和表象。直观教学具有生动性、具体性和直接性的特点。"缩地成寸"并不意味着简单地将植物生长过程以动画、图片形式展现给学生看,这样仅仅调动了学生的视觉加工。"缩地成寸"是将真实的不同生长阶段的植物带进课堂,让学生真实地看到、摸到、闻到,调动学生各感官同时参与观察,了解植物各阶段可能出现的种植问题,一起讨论解决办法。

(三) 有利于体验学习

在探究型课堂中,教师要根据学生的年龄特点,进行探究性学习,要让学生多"动"、多"说"、多"想"、多"表现",使每位学生各方面的能力得到不同的发展。美国华盛顿国立图书馆的墙上写有三句话:"我听见了,但可能忘掉;我看见了,就可能记住;我做过了,便真正理解了。"这里的"做过",我认为应该就是在特定的情境中亲身体验的意思。"缩地成寸"让学生在实际的生活情境中去感受,去验证,去应用——实践,从而发现知识,理解知识,掌握知识,解决实际问题。如果说"在体验中学习"学到的是知识,那么"在学习中体验"就是形成了技能。"缩地成寸"为学生实践提供机会,能让学生亲自动手去照顾不同生长阶段的植物。创造一个愉悦的学习氛围,多让学生动手操作,是提高教学效果的重要环节,也是学生体验学习的一种方式。

二、"缩地成寸"的教学操作

托尔斯泰说过:"成功的教学所需要的不是强制,而是激发学生的兴趣。"能使学生在愉悦的气氛中学习,唤起学生强烈的求知欲望是教学成功的关键。"缩地成寸"将植物的生长过程直观地呈现在学生面前,唤起学生探究的兴趣和欲望。

(一) "缩地成寸"的教学框架

1. 课前准备。"缩地成寸"的课堂呈现方式将直观、丰富、跨时间的内容在短暂的课堂时间内呈现,这就需要教师在课前做充足的准备,才能做到在课堂中同时呈现不同阶段植物的生长状态,并让学生以此状态为起点开展植物的照料工作。如大蒜板块的种植,教师需要在课程之前提前按时间点种植大蒜:提前10天种植大蒜、提前7天种植大蒜、提前4天种植大蒜以及提前1天种植大蒜。随着越来越接近课堂呈现时间,前面种植的大蒜慢慢生长发芽。在课前,教师通过整体规划,在合适的时间段种下植物,等到课堂呈现时让学生直观感受到植物的生长过程。

2. **课堂呈现**。兴趣是最好的老师,天赋也是由于热爱。只有学生对学习的内容感兴趣,才会产生强烈的求知欲望,自动地调动全部感官,积极主动地参与教与学的全过程。为此,教师在教学中要善于创造课堂资源,将学习内容具体直观地呈现出来,创设使学生感到亲切的环境。教师在充分准备之后,将提前10天、7天、4天和1天种植的大蒜带进教室,必然能调动学生最大的学习兴趣、最积极的学习热情。

3. **指导实践**。"缩地成寸"可以将原来需要观察探究14天的种植过程浓缩到3天。利用已准备的四盆大蒜,将它们留在教室中让学生观察、照料3天。在这3天中,学生能看到大蒜第1天到第4天、第4天到第7天、第7天到第10天、第10天到第13天这四个成长过程。将这四个成长过程详细记录下来,学生就可以知道大蒜完整的成长过程,将13天的观察缩短到3天的时间内,留下更多的时间与同学交流分享学习体会。

(二)"缩地成寸"的学习特征

1. **整体性**。如果教师的教学设计有整体的规划,在学生学习过程中就能感受到学习内容的整体性。在"缩地成寸"的教学过程中,需要将植物的生长过程划分为几个阶段,这就要求教师在教学前对于植物的生长过程了然于心,并且按植物生长过程中的特点将植物的生长过程阶段进行划分。在划分好植物生长过程之后,教师在课前进行整体规划,安排种植展示植物的时间段,在合适的时间种下植物,以便之后在课堂中能向学生呈现植物不同的生长阶段。

2. **探究性**。实践板块的教学都是以学生为主体,让学生动手尝试,将积累的经验总结为一般规律而获得学科知识。所以,在学生照料这几盆不同阶段的植物时,教师要抓住生成性的课堂资源。例如,一个小组照料的大蒜生长3天之后,叶子不再笔直竖立,开始有些软塌。这时,教师让学生去和其他小组的大蒜比较,学生就会发现其中的问题,开展以问题为基点的探究。

3. **创新性**。传统的学习方式是以纵向研究的方法来观察植物的生长过程及规律的。其优点是,通过长期的追踪研究,可以使学生观察到植物生长过程中的每一点小变化,采集的是植物生长过程的连续数据。但是这一方式也存在其不足,纵向研究需要的周期较长,并且从课堂呈现角度而言,这样的课堂呈现方式过于单一。运用"缩地成寸"的研究方法,可以把漫长的过程缩短,将植物在不同时间段出现的生长特征呈现出来。这样新颖的学习方式,一定会激发出学生的创造性思维,让他们萌发更多的"金点子"。

三、"缩地成寸"的教学案例

"缩地成寸"的教学框架以课堂呈现为特点,组织学生在同一时间段内经历植物生长过程的四个阶段。《大蒜的种植》是我校中草药探究课程一年级种植板块的一部分,在指导这一板块内容时,我尝试使用"缩地成寸"的课堂呈现方式,指导学生对大蒜的生长过程进行观察探究。按照教学框架,"缩地成寸"的教学需经过课前准备、课堂呈现以及指导实践。

(一)第一阶段:课前准备,了解大蒜的生长条件

植物的种植属于实践板块,需要学生通过亲自动手实践来掌握一定的种植技能,并且能用科学的方法对于植物的生长过程进行记录。种植板块一向是孩子们喜爱的板块,播种并收获,本身就是一件值得期待的事情。教师以"缩地成寸"的方式呈现准备好的几盆植物。大蒜的生长周期较短,一般两周就能长出长长的蒜苗,因此我将两周的种植时间划分为四部分,提前种植大蒜。准备四盆大蒜作物,这几盆植物分别是种植了10天、7天、4天、1天的大蒜。

(二)第二阶段:课堂呈现,照顾并记录生长过程

首先,通过呈现实物,让小朋友看一看大蒜的外形,摸一摸大蒜的表皮,闻一闻大蒜的气味,通过各感官的协同合作,学生初步了解了大蒜的外形、气味和功效。新知识的建构激发了学生进一步探索的欲望,我让孩子们结合生活中的经验,大胆地猜想大蒜种植的方式,大部分小朋友都能想到将大蒜埋进土中进行种植。在学生了解大蒜的用途以及大蒜的种植条件之后,接着教师将学生依据植物数量进行分组,每个小组照顾一盆植物。

教师请学生来比较这几个阶段的大蒜生长状态,学生可以通过直接观察回答教师提出的问题。在观察过后,教师引导学生进行大蒜的生长记录,记录目前大蒜的生长状态。通过观察与记录,将四组学生的记录挑选代表作放在一起,就是大蒜在四个阶段的生长现状。在这一教学过程中,学生可以在一节课的时间内对于大蒜生长的四个阶段有大致了解,建构植物生长模式的认知地图。

（三）第三阶段：指导实践，尝试解决种植难题

从教师将四盆植物交给四组学生开始，学生进行植物的照料，每天记录植物的生长状态，在经历3天的照料之后，教师引导学生观察自己的植物与其他组植物的区别。

例如：学生们发现四盆大蒜的生长高度都有所提高，但是叶子的软硬程度有所不同，有一组学生种植的大蒜叶子长得很高而且笔直向上，而另一组的大蒜叶子没有前一组高，叶子有些软塌。面对这一现状，学生有了疑问，是什么原因造成了现在的情况？通过比较两组学生的照料情况，学生发现大蒜的生长需要充足的水分，缺水会造成大蒜叶子的软塌。同时，假设在相同的照料模式下，通过"缩地成寸"的教学模式，学生还可以进行比较大蒜在不同生长阶段，大蒜的生长速度是否相同。

（四）第四阶段：课外拓展，自己进行种植

一个阶段的种植照料并不能代替学生体验种子发芽成长的快乐，"缩地成寸"是一种浓缩的课堂呈现模式而非学生实践模式。因此在课后，教师布置作业，请学生利用课外时间，从头开始种植大蒜，相信在学生掌握了种植知识后，一定会让大蒜健康成长。充裕的时间是实践活动的翅膀，课外实践为沉闷的知识教学带来活力，使学生感受到了开放自主的痛快，使学生在实践中获得了感受，在实践中获得新知，锻炼能力，使学生的整体素质在实践中获得提高。

四、"缩地成寸"的注意事项

"缩地成寸"是将真实的不同生长阶段的植物带进课堂，让学生真实地看到、摸到、闻到，调动学生各感官同时参与观察，了解植物各阶段可能出现的种植问题，一起讨论解决办法。课堂呈现方式新颖，因此在实践过程中，还有几点需要注意。

（一）教师引导，指导学生全面观察

"缩地成寸"的课堂教学模式重点在于课堂呈现，为了在课堂中尽可能多地呈现植物生长的状态，因此，在课前就需要教师作充足的准备。在课堂呈现之后，需要学生去观察才能获得更多知识，学生在观察时会按照自己的思维模式进行，观察不够全面，这就需要教师在这一过程中进行引导。通过学生交流，教师点拨，使学生充分利用"缩地成寸"带来的课堂资源。

（二）学生实践，注重知识学习整体性

在"缩地成寸"的教学模式中，学生分组照料不同生长阶段的植物，通过学生的亲身实践获得知识，通过最直观的感受激发学生的学习兴趣。"缩地成寸"只是一种课堂

呈现的模式,并不意味着学生在实践板块中仅仅照顾某一阶段的植物。通过小组之间合作,各自照顾各自的植物,将植物生长的漫长周期缩短,为教师提供了丰富的课堂生成资源。将各小组的养植成果进行合并就是完整的植物生长周期,但对于学生个体而言,他实践的仅仅是生长过程中的某一阶段,认识事物存在片面化的问题。因此,在课堂呈现、学生实践、课堂讨论过后,教师鼓励学生自己重新种植,从植物生长的第一天起开始观察记录,这样的实践能给学生带来更独特的体会。

(三) 问题探究,用好课堂生成资源

"缩地成寸"的课堂教学模式能为课堂带来丰富的生成性资源,如学生在比较自己小组和其他小组照料的植物时,可能会发现植物在不同阶段的生长特征、生长速度存在不同,由问题出发进行探究,学生可以获得更多知识。把握课堂生成性资源就需要教师对于问题的发现有敏锐的感觉,引导学生发现问题。由问题开始的探究可以来自于教师的引导,但更多还是应该来自于学生本身,他们应学会用科学的方法去观察事物,由此发现其中的不同,而"缩地成寸"的课堂探究正是为学生和教师提供了发现问题所需的重要条件。

(撰稿者:倪晰娇)

第六章

跨文化之界：弥漫在每一个角落里的交流

文化是一种力量、一种精神。跨文化交流的本质是人的活动方式的演绎。因此，当我们的探究课程向国内外多所学校展示的时候，当我们的探究课程走出国门的时候，我们才真正地跨出了具有实质性的一步、两步、三步……如此，我们才拥有了开放的视野和胸襟，才从单纯"做事"，迈向"成人"。

创意 6-1 ‖ 穿针引线：勾织立体的文化之网
创意 6-2 ‖ 海阔天空：促进多元文化的融合

跨文化之界，就是一般的所谓文化交流，通常是指国际间不同文化背景的人们之间发生的沟通行为。换句话说，就是不同文化之间，通过一定的途径和方式，如通过求学、交流等方式，在一定的时间和空间发生互相碰撞、相互接触、相互理解、相互协调、相互进展，从中互相学习，彼此融合，从而使自身和对方不断发展的一种文化现象。

先来说说"文化"。文化，有"广义文化"与"狭义文化"之分。广义文化包罗万象，是指人类在生存、繁衍、发展和社会实践的历程中所创造的物质财富和精神财富的总合；是指人类在生活、生产、生存的实践活动中创造的各种形态的事物所组成的有机复合体；是指人类在长期的历史发展中一切物质与精神的遗存。它标志着一定社会、区域的物质文明和精神文明的发展水平、人们的价值观念和行为规范、特定的组织结构和生活方式。广义文化是一个历史的概念，它涵盖人类历史的全过程；也是一个以人为中心的人类传承与发展的综合概念。

狭义文化专指人类的精神创造，着重于人的心态部分，是在长期历史发展中，某一社会、民族、阶层或地域，经由传承、积累而自然凝聚的共有的人文精神及其物质体现总体体系。狭义文化不但以人为中心，而且是以人的精神为中心，即使观察物化世界，也是以其中的人文精神为内核的。它不是个别的精神活动，而是经历史积累凝聚的共有的、成体系的人文精神。它关注的不仅是全人类的普遍共性，而且更注重不同民族、阶层、集团人文精神的特点。

如何跨文化之界？我们认为：还得做到本土化。本土化触及跨文化交流的基本规律，对于我们今天讨论对外来文化（包括学术、文学等）的接受、讨论中国文化的对外传播（如中国学术、中医"走出去"），仍然具有现实意义。本土化是任何一种文化进行跨语言、跨民族交流时必然经历的一个过程，同时也是一个行之有效的策略。

本土化就是努力挖掘、发现我国文化与对象国文化间的融汇点，建构不同文化间的"桥梁"关系，缩短彼此文化间的距离，使得双方都易于接受，愿意接受，乐于接受。本土化是促使文化跨语言、跨民族交流取得成功的一个至关重要的策略，同时也是跨文化交流的基本规律。

要切实落实上述考量，我们可以——

从"封闭"到"开放"。例如，2017年张江高科实验小学赴英学习小组来到英国杜伦学校学习交流，我们带去的就是"中国功夫"、"有趣的汉字"、"认识算盘"、"中草药称量"和"中国刺绣"。这些富有中国元素的文化符号，不仅孩子们喜欢，连老师也是欲罢不能。同时，我们将本土古老的中国文化向外传播的时候，更希望接受来自异国师生

第六章 跨文化之界：弥漫在每一个角落里的交流

的建议和意见，使得我们的中国符号更具时代感和发展性。

从"离身"到"具身"，体现在"学校文化符号"上。学校文化符号指的是学校口头或书面文本阐述的文化主张。建构学校文化系统的路径大致可分为：历史、地域视角——依托所在地历史或地域特性提炼学校文化，依托与学校有关的名人表达学校文化，基于学校自身的历史阐发学校文化；教育理念视角——表明教育态度、表述培养目标、表达教育教学方法追求；品牌形象设计视角——创意学校理念、行为、视觉识别系统；环境视角——建构学校文化景观。

从"成事"到"成人"，通过"学校文化行为"得以体现。学校文化行为指的是文化效果、文化作用；是一种组织文化，是一种关系文化，师生、生生在校园、课堂呈现出的真实关系就是文化。众所周知，学校文化不是说出来的，而是做出来的，是从各项活动、师生行为中表现出来的；是师生践行对教育、学校、课程、课堂的实践解读；是师生为人处事甚至言行遵循的内隐规矩、规则，即学校的各类规章制度，是道德考量；是文化对师生学习、思想、精神的薰陶、启蒙、点化，是一种生态系统，是对师生成长的"场"影响。因此，创立学校文化符号系统不全等于学校文化建设；选择学校文化载体也不全等于学校文化建设。学校文化的核心是"人"——当下之人、现实之人，指向现在，关注"物"或"事"之于人成长发展的意义。即以文化育人，人育文化。

从"为了知识"到"通过知识"，由"学校文化载体"承载起来。学校文化载体指的是学校文化的呈现及传播方式。有的将理念文化意象化、具象化后有新景观呈现；有的对现有景观进行新的解读。另一层是让师生参与学校文化的创建，对学校文化进行"股份制"改造，变成我们的文化。张江高科实验小学，就是以"中草药探究"作为载体，来呈现与传播我们的校园文化、民族文化的。孩子们、老师们从中既了解、认识、掌握了最基本的中草药知识，更重要的是，我们相互学习，相互合作，共同学习；甚至打破了师生之间、班级之间、年级之间、学科之间、学校之间的界限，让知识成为一种"主动获得"、"流动增长"。

从"无关幸福"到"关涉幸福"，学校文化是展现在师生脸上的；学校文化是落实在师生的行为上的；学校文化是弥漫在校园的每个角落里的；学校文化是渗透在师生血液里，并会传承下去的；学校文化是可以影响师生一辈子，并镌刻在学校历史中的……因此，最终成就的是每一个"人"——无论是学生还是老师，都得益于学校文化的潜移默化、伐经洗髓、自我反省、自我塑造、自我成就。这，才是真正的"幸福学习"，"学习幸福"！

（撰稿者：曹晶　娄华英）

创意 6-1 ‖ 穿针引线：勾织立体的文化之网

"穿针引线"原本是指事物之间的相互联系与影响，由点及面，以一事一物引出更多的事与物，从而起到扩大影响面与受惠群体的作用。而在学习上也存在着这一现象，即让学生在扎根于本民族传统文化学习的基础上，将中外文化中某一点的知识相互渗透，融会贯通。"西学东渐"、"东学西渐"，既都是"线"，也全是"针"，学生由此勾织出一张立体的、比较完整的跨文化体系网。

在《中草药植物探究》课程中，"穿针引线"主要应用于与国外学校之间的文化交流与互动学习中。

一、"穿针引线"理念与意义

不同的文化是能够影响我们身边的环境和发展的，所以如今越来越多的人意识到跨文化交流的重要性。其实文化与文化之间并非山高水远，文化之间本来就是需要互相融合并肩发展的，独立的文化并不能久远。这也是跨文化产生和发展的原因。

"跨文化交流"的英语名称是"cross-cultural communication（或 inter-cultural communication）"。它指本族语者与非本族语者之间的交际，也指任何在语言和文化背景方面有差异的人们之间的交际。

跨文化交流与各种文化信息在时间和空间中的流动、共享和互动过程相关联，涉及不同文化背景的人们之间发生的信息传播与人际交往以及人类各个文化要素的扩散、渗透和迁移。人类的生活始终离不开跨文化交流，它总是和人类生活的各个方面交织在一起，是人与人之间、民族与民族之间、国家与国家之间必不可少的活动。正是经由跨文化的传播，维系了社会结构和社会系统的动态平衡，促进整个社会整合、协调与发展。

要理解跨文化交流，首先必须理解人类一般交往的情况，尽管跨文化交往的诸方代表不同的文化背景，但他们交往的基本途径和方式，还是和文化背景相似的人们交往时的途径和方式是一致的，如口头交谈、书信往来、刊物、书籍、报纸、告示牌、广播电视、录音录像、空中文字等。

跨文化交流作为一门新兴的边缘科学，是在经济全球化的时代背景下产生的，这个领域的研究无疑是为了适应这样一个日益发达的跨文化国际交往和人际交往的需要应运而生的。因为这门学科必须研究不同文化背景形成的价值取向、思维方式的差异,必须研究不同社会结构导致的角色关系、行为规范的差异,必须研究不同民族习俗所积淀的文化符号、代码系统的差异,必须研究不同交际情景制约的语言规则、交际方式的差异。所有这些不但要进行深入的理论探究,还要注重实际的应用研究,这样才能使这门学科更科学、更完善、更丰满,从而更好地为这个时代服务。

(一) 发展共鸣共感

共感就是设身处地地体味他人的苦乐和际遇,从而产生情感上的共鸣。不同文化归属的人之所以不容易沟通,往往是由于对具体文化现象的理解不同。在跨文化沟通中,如果缺乏共感,不能正确理解和评价他人的价值观,缺乏共同的背景,缺乏对于我们所拥有的特定世界观和价值观标准不同的文化背景的宽容态度,是导致沟通失败的主要原因之一。发展共感,首先要承认不同文化之间的差异,唯如此才能为发展共感找到方向和切入点。其次,要有一种"换位"意识,排除对异质文化各种成见的干扰,设身处地地站在他人角度去理解文化现象,正确地认识自己,消除民族中心主义的偏见,消除自我与环境相分离的状态。最后,必须站在信息接受者的立场看待问题,从信息接受者的角度设想问题。要摆脱文化中心主义的偏见,不可歧视或贬损其他文化。只有客观、公正、全面地认识和理解异质文化,才能消除跨文化沟通过程中的种种文化因素障碍。

(二) 发展双向沟通

沟通是一个循环的相互影响的过程,这个过程包括信息发出者、接受者和信息本身。沟通实际上就是信息的编码、解码和诠释的过程。由于文化差异的存在,使来自不同文化背景的人把各自不同的价值观念、信仰和风俗习惯带到沟通过程中,他们在诠释从另一种文化中传来的信息时总是按自己的文化背景以及由此决定的解码方式加以理解,从而导致对对方信息理解的不准确,进而作出错误的判断和决策。因此,双向沟通有助于对来自不同文化背景的信息的诠释。双向沟通的特点是:沟通的双方均参与编码与解码的过程,双向沟通结果所得到的反馈可以帮助进一步阐述双方的意图。通过双向沟通和反馈,进一步刺激跨文化沟通的积极性,拓宽沟通渠道,及时总结沟通中好的经验并加以推广,并对沟通中出现的问题及时纠偏。在第一轮沟通中出现的含糊不清的意图可以在第二轮沟通中得到解决。尽管双向沟通会受到许多因素的干扰,但是与单向沟通相比却是一种较有效的沟通方法。

(三) 学习了解自己

了解自己就是要识别那些我们大家都具有的态度、意见和倾向性的简单行为,这些态度不仅帮助决定我们说什么、怎么说,也有助于决定我们听取别人说什么。隐藏在内心深处的先入为主,是引起跨文化沟通诸多问题的重要原因,也是种种矛盾和冲突的根源。了解自己还包括发现我们对世界其他部分进行描绘所得出的种种印象,即我们如何进行沟通。要想改进沟通效果,了解人们对我们的反应,就必须获得其他人怎样感知我们的某些观念。如果对怎样表现自己,对文化的沟通风格都有相当明确的了解,我们就能够更好地理解他人的反应,在从一种沟通情境转入另一种情境时就能在沟通方式上作出必要的调整。

二、"穿针引线"的教学操作

(一) "穿针引线"的教学框架

布鲁纳曾经指出:学习有不可通约的两种方式,即计算方式和文化方式。它们分别从不同的心灵观出发,研究学习者的学习机制,以及可能的教育意义。简单地说,前者假设心灵是一种计算性的机械装置,因而学习是关于世界的一些有限的、编码的、明确的信息如何运用计算的机械装置加以搜集、分类、存档、核对、提取以及管理的过程。后者则认为心灵的构造和生存是透过人类文化的作用。因为人类的心灵乃是和一种生活方式的发展紧密相联,而一种生活方式又是由这个文化社群的全体成员所共享,

	选择加以探究的中草药植物课程中的一个	
自主分组	确定分工	第一次交流(小组内)
	如何将探究成果进行跨文化交流渗透	
第二次交流(较大范围)	完善个人的探究,合成全班总框架	完成自我评价、小组评价、教师评价、家长评价

因此，人们必须通过文化方式来塑造心灵。这种观点在个体学习机制上的天然方式乃是意义的生成。所谓意义的生成是指和世界遭遇时的事态，以及将此事态融入文化的合宜脉络里。换句话说，个体心灵是通过对不同场合里的特定事物赋予意义的方式而塑造的。意义生成的这种特性使得沟通、协商成为心灵塑造必不可少的途径。在此观点下，知识和沟通在本质上是相互依存的。可以说，一个人不管多么能够在其自身范畴中思考，但却不能不通过文化情境来追求意义。以此观之，学习与思考永远是置身于文化情境里，并且永远都依赖文化资源的使用。两种学习方式导致不同的教学实践，前者会让练习成为教学上优先考量的手段；后者则会偏爱苏格拉底式的教学策略。孰是孰非？不可定论，或许可以通过对两者的比较来作出判断。

（二）"穿针引线"的教学设计

从文化角度看待学习，学习就变成一种文化适应过程。也就是说，个体通过参与各种各样的社会实践活动或文化活动，逐渐获得一种社会适应性。因此，我们可以把学生的学习视为：通过课堂内外各种各样叠加的、互补的，甚至是冲突的文化实践活动而得到的知识、经验。

学习的文化方式要求我们必须把课堂内外的文化实践活动有效地加以连接，以一种跨文化的姿态促使儿童"生成意义"。基于这样的理解，课堂教学设计的视野得以极大的拓展，它要求创设以学习者为中心的课堂公共领域，即师生们一起进行异质的文化交流、摸索、共享，以形成共识的知识空间。

（三）"穿针引线"的方式

跨文化交流的本质应是人的活动方式交流（文化的本质就是人的活动方式及其成果），而人的活动方式主要由做人的方式、做事的方式、做物的方式、做思的方式等四方面构成，跨文化交流应主要围绕这四个方面进行。

1. 做人的方式交流

做人的方式是文化的核心内容，它是通过处理人际关系表现出来的。做人方式有三种类型：其一是利己型，即以我为中心，令他人为我服务；其二是利他型，即以他人为中心，强调我为他服务；三是兼顾型，即强调我他共赢、平等互利。事实说明，世界各民族的做人方式并不一样。我国传统中的做人方式在横向上是强调"己所不欲，勿施于人"，以及"先天下"的准则，在纵向上则强调忠、孝、节、义的道德规范；现代中国文化中则强调先人后己和与人共赢的意识，反对利己主义和霸权主义。我们在跨文化交流中，应注重展示中华民族的做人准则，同时了解和学习其他民族追求平等、相互尊重等做人特点,不断完善为人之道。

2. 做事的方式交流

人生来是要做事的,因而做事的方式便成为文化的重要内容。做事方式也有三种类型:一是责任型;二是不负责任型;三是避事型。世界各民族在办事风格上也是有别的。我国在文化交流中应注重展示传统的"言必信,行必果"的责任感以及恪尽职守的"慎独"工作作风,同时要注重了解和学习其他民族在做事上追求公平和严守规则等优良品格。

3. 做物的方式交流

人都是要做物的,做物就是指改造自然界,生产物质生活资料。做物方式也有三种类型:一是征服型,人处于绝对支配地位,物完全服从人的需要;二是友好型,人和物是朋友关系,人虽然要利用物为己服务,但也要十分节制,并以友相待,做到人物和谐相处;三是惜爱型,物被视为人的生存之本或劳动结晶,因而极受爱惜和保护,诸如各种节约行为。世界各民族在做物方式上也是不同的。在跨文化交流中应展示自己对物的"友好型"和"惜爱型"品德,以及厉行节约和废物利用的传统,同时注意学习其他民族在爱护公物和环保方面的好经验。

4. 做思方式的交流

自从人类诞生后,人就离不开思想了,一方面要以特定思想为指导从事各项实践活动,另一方面则要在实践活动中不断创造新思想,而这两方面又是相互作用着的。历史表明,人类只有不断创造出新思想和新观念,并以此来指导实践,才能使自己不断前进,思想守旧的民族是没有希望走在世界前列的。但做思的方式也有以下几种:一是独立思考,注重理论创新;二是人云亦云,甚至剽窃抄袭;三是实事求是,全面系统地思考;四是胡编滥造,材料堆积。世界各民族在做思方面也是各有特点的。我们在进行文化交流时,要注重展示传统中的严谨求实、注重整体思维、勇于创新的思想作风,同时注意学习其他民族敢于探索、标新立异、创造新思想体系的品质。

三、"穿针引线"的教学案例

(一) 背景分析

活动名称:识香囊,制香囊,共话端午。端午节,作为中华民族的传统节日之一,在国内外具有广泛的影响,所以当我校的《中草药植物探究》课程走出国门,来到英国,我们在选择交流的内容时,必须先考虑该校师生能接受的熟悉度;同时,选择"端午制香囊"也便于操作。

因此,跨文化交流,首先要选择符合双方认知度的一个点加以输出(接纳);其次是选择便于操作的内容加以传递;再则,我们不能忘记这是"文化"的传递和共享;最后,应当对每一次活动加以梳理,总结经验,做好反思。

(二) 两份活动设计方案

1. 用于"跨文化交流"的教学设计

教学准备:成品香囊每组 2 个、空香囊袋每人 1 个、各类中草药每组 8 种、自制香囊记录单每人一张。

活动环节:

自我介绍:

Hello, boys and girls, nice to meet you! Well, please let me introduce myself. My name is Hermit. I'm a science teacher. And I also teach the knowledge of Chinese herbal medicine. Look, they are my students. They were working. We always make the discussion and research of Chinese herbal medicine. These were their research paper.

引入:

Look, we made some gifts for you. Yes, these are bags. Let's have a look. Who can tell me what's in the bag? What do you think about it? Oh yes, I think so too. Well, this is sachets. In China, June 9th is Dragon Boat Festival. Chinese people make sachets in this day.

活动过程:

(1) 出示香囊;

(2) 分发香囊;

(3) 学生自由观察;

(4) 出示 PPT 及视频。

视频配合的讲解词:On Dragon Boat Festival, parents need to dress their children up with a perfume pouch. They first sew little bags with colorful silk cloth, then fill the bags with perfumes or herbal medicines, and finally string them with silk threads. The perfume pouch will be hung around the neck or tied to the front of a garment as an ornament. They are said to be able to ward off evil.

活动一：认识香囊中的中草药

Now, let's observe these bags to know what in the sachets clearly. I think this paper can help you. And you can discuss with your group mate. A few minutes later, I will ask someone to introduce how many kinds of Chinese herbal medicine in the sachets, and who are them.

Now, who can tell us what's in the sachet? The name? The function? Please. You are wonderful! / brilliant! / marvelous!

活动二：根据需求，自制香囊

Now we have known so many kinds of Chinese herbal medicine. We know their names, appearance(外形特点), functions(功能作用).

Actually, they can mix freely to achieve the function you need. Let's try to make a sachet.

First, you should decide which function is your need. Then, according to your decision, chose some kinds of Chinese herbal medicine and take them into the bag. Finally, strain the rope. And, please complete this form according to the requirements.

Now, let's start to work. Of course, I will help you. Well, who can Introduce himself and show his work to everybody?

Thank you. This is a gift to you. Chinese key ring.

Let's HIGH-FIVE. May I have Photography with you?

2. 探究课程中的活动设计

活动目标：

(1) 通过传统端午佳节的典故、习俗等，了解并认识与端午有关的一些中草药植物，如艾叶、菖蒲等制作香囊的各类草药。

(2) 以分组形式，通过观察、讨论、信息搜索等探究方法进一步了解中药香囊功效的科普知识和生活中常用香囊的中药配方。

(3) 以兴趣为出发点，识别可做中药香囊的药材，并能亲手制作中药香囊。

(4) 通过学做中药香囊，知晓中药香囊对家庭健康生活的作用，从而激发学生热爱祖国传统中草药文化，也增强了学生日常生活中的保健意识。

活动准备：

(1) 教师课件；

（2）制作香囊的中药材料和器具准备：中草药、中药粉末、香囊空袋(外袋、内袋)、塑料小勺等。

活动过程：

(1) 引入课题

① 初步了解我国端午传统佳节，了解端午节的传统习俗，同时，引出本课的主题：香囊。

小朋友们，现在是几月份啦？在这充满夏日气息的 6 月，我国哪个传统节日即将来临，你们知道吗？

师：是呀，农历五月初五是我国传统的端午节，端午节那天我们有什么传统习俗呢？（启发学生说出是用不同的探究方法得来的信息）

师：端午节原来有这么多传统习俗啊！那和我们的中草药又有什么关系呢？

师：小朋友们，端午节原来和中草药有着密切的关系，这节课我们挑选其中的"香囊"，来和大家探个究竟吧！

② 学生交流：课前搜集的资料——挂艾叶菖蒲、薰苍术、佩香囊、饮雄黄酒、赛龙舟、吃粽子……

（说明：通过学生课前的搜集资料，让学生对端午节有了大致的了解。同时，还了解了端午节和中草药植物的密切联系）

（2）观察香囊，并简单介绍香囊的文化和历史

① 师：老师请小朋友以小组为探究单位，3 人合力，看一看，摸一摸，闻一闻你们拿到的香囊包。说说你们的感受？（每组提供 3 个香囊：驱蚊辟邪：薄荷、苍术、白芷、艾叶；提神醒脑：川芎、陈皮、菖蒲、羌活；预防感冒：细辛、木香、防风、藿香）

② 学生活动：看香囊包的外形、颜色，摸手感，闻气味。

③ 师：大家如此喜欢香囊包，让我们去了解下它的历史文化。

（说明：先请学生自主观察，说说观察所得和感受，激发探究兴趣。同时，进一步地了解香囊的文化承载和历史）

（3）香囊的中草药功效及生活中常用香囊的配方

① 师：香囊的外观形式各样，颜色好看，那里面究竟是什么？大家想不想去了解啊？这香囊的香气究竟来源于什么中草药呢？请小组合作打开来探个究竟，并完成探究单。（老师示范打开香囊）

② 学生活动：3 人合力：1 人翻阅 IPAD 资料包；1 人负责打开香囊包，取出其中

的中草药,经过大家查询资料对比;最后由1人专门负责完成探究单。

③ 师:请完成的小组上来汇报成果。

学生派代表上台讲解所分配到的香囊包由哪些中草药组成,它们相对应的功效是什么。

④ 师:相信小朋友们通过合作探究,认识了我们的香囊包中所蕴含的十二种不同的中草药。

(说明:学生小组合作,利用资料,自己辨别中草药。然后向大家展示介绍本组的探究成果)

(4) 制作中药香囊

① 师:小朋友们,其实我们生活中常见的香囊,打开后很多都是粉末状的,你们猜想一下粉末状的香囊和直接装草药的香囊有区别吗?

② 学生活动:对比两种形式的香囊。

③ 师:是呀!前面为了让小朋友们更直观地认识中草药,所以我们直接把中草药放进了香囊里。制作香囊的时候,小朋友可以自行选择。

邀请一位学生作为示范,指导其制作一个香囊。(可以用中草药直接装,也可以使用粉末制香囊包)

④ 先请学生细心观察制作香囊的过程。以小组为单位,自制一个香囊送给自己的家人。

(说明:教师介绍材料,邀请一位学生,帮助其完成操作步骤,培养其他学生细致耐心观察的学习态度)

(5) 评价总结

小小展览会:学生制作完香囊后,展示成果,简单介绍内含哪几种中草药、有什么功效等。

(说明:以成果展览的形式进行评价有利于激发学生的学习兴趣,对中草药植物更关注和热爱)

四、"穿针引线"的思考

"Cross Cultural Communication"和"Intercultural Communication",前者更强调"跨越会通",后者则更强调"主体间性",在汉文中都可译为"跨文化交流"。跨文化交流,尤其是教育领域的交流是了解不同体制和文化背景下教育机制的最直观的途径之一。

第六章　跨文化之界：弥漫在每一个角落里的交流

通过不同层面、不同方式和不同对象的交流互访，对教育主管部门来说可以博采众长，从政策和理论层面对不同教育形式的发展进行有益的规范、指导；对教育机构来说是一个开阔眼界、拓宽思路的机会，是在实际操作层面上与不同的理念、方法碰撞交融，互通有无，取长补短，既可以丰富已有的理论和工作方式，也可以在了解和研究的前提下创造性地吸收和改革；对于教育的对象——学生来说，更是一次难得的体验，不仅可以在知识和人格的养成阶段就接触到不同文化的优秀部分，而且可以锻炼自己的生活、社交、独立、沟通、学习等人生中最重要的一系列能力，同时也是发现自己的优势，选择发展方向，奠定未来基础的机会；对于家长和社会来说也是让青少年更有意义地成长，拓宽他们的知识范围，提高下一代整体水平的善举。

"跨文化交流"，语言问题是交流的瓶颈，特别是要用外话来表达我国传统文化非常不易。虽然全世界都对中国传统文化感兴趣，然而，正是因为文化之间的差异，或许我们认为比较精准的语言表达，对对方来说不易理解，往往会产生歧义。这种来自双方的相互"迎合"还是需要事先再三斟酌的。

同时，国内大多数学校对本民族传统文化熏陶、渗透的漠视，令如今的孩子们更倾向于接受"省时省力"的外来文化，对本民族文化的"慢工出细活"不置可否，造成我们自身的底子太薄，输出艰难。更有甚者，为了功利目的，一再放弃对我国传统文化的学习，忘记了自己的"根"扎于何处，形成另一种崇洋媚外。

总之，跨文化交流，是一个教育的全新范畴，不是几所学校就能成事儿的，教育主管部门必须有计划、有组织地加以引领、指导、培养、扶植，形成校际之间联合体，具备"资源共享"的理念。令好的教师资源、课程资源、设备资源都能用在刀刃上，使得每一次活动都能真正"流"起来，"动"起来，"活"起来。

（撰稿者：曹晶）

创意 6-2 ║ 海阔天空：促进多元文化的融合

"跨文化"就是指通过越过本文化之界限，来经历不同学科、不同年龄、不同地域的文化融合以及人与人之间的互动交流。在我们的日常教学中，这种融合是随处可见的，也是必不可少的。"海阔天空"就是打破单一学科文化的界限，多渠道、多学科文化之间融合，让学生和教师更能找到自己的所长和兴趣，进行自由的探究和发展。

一、"海阔天空"的理念与意义

跨文化，又名"Cross-culture"，学科文化领域的研究是对单一学科文化研究的挑战与革命，是人类认识自然、改造自然的实质性突破。这是科学发展与技术进步的必然趋势，必将对未来科学与技术产生深远的影响。

新课程条件下的课程目标趋向多维，实施途径日趋多元。我校的中草药植物探究课程以"探究、创新"为核心，开展主题式探究学习活动，将已经学过的或正在学习的多学科文化融合在这一校本课程中，将高度统一的国家课程与学校实际相结合，使学生学习更加丰富化和立体化。教师利用中草药植物探究课程为载体，在探究活动中实现学生的各科文化学习，学生在实践中自主获得的知识以及解决问题的基本能力，既促进学科文化的学习，又有助于多学科文化的跨界和建构、拓展及加深。

中草药植物探究课程的跨界学习，不仅能改变学生学习方式，影响学生学习习惯，还能延续中草药植物探究课程的生命力。中草药植物探究课程跨界文化学习是通过在探究活动中跨界信息技术学科文化、自然与科学学科文化、语言与文学、数学、劳技、体育、音乐等多学科文化……

中草药植物探究活动跨多种学科文化是学生提高多种能力的前提。从学科文化融合的角度创新探究活动的实施策略，能够使各学科文化之间相互促进提高，加强中草药植物探究课程文化与学科各文化之间的融合互动，既有利于活动的顺利实施，又有利于学生素质的不断发展，是当前学校深入实施素质教育和推进新课程改革的有力抓手。

（一）有利于加深和拓展语言运用类文化学习

教育部新颁发的《语文课程标准》指出："语文综合性学习有利于学生在感兴趣的自主活动中全面提高语文素养，是培养学生主动探究、团结合作、勇于创新精神的重要

第六章 跨文化之界：弥漫在每一个角落里的交流

途径。"小学语言类主题性综合实践活动是指引学生参与丰富的综合实践活动,从机械、封闭的课堂教学,走向多元、开放的社会生活和美好的大自然,从单一、被动地接受学习,较为增强自主探究、合作交流、感悟体验等学习能力。活动应体现学科文化的特性,重点突出以下几点：一要充分挖掘学生综合实践活动中的阅读、会话和写作的素材；二要有目的、有计划地指导学生在活动中学会观察和思考,学会选择恰当的方式表达；三要引导学生进行主题性文本和网络阅读,丰富知识、拓展视野、积累语言、运用语言；四要在学生的活动过程中,关注学生语言表达的条理性、规范性、正确性、流畅性。

如在"神奇的葱姜蒜"主题活动中,就可以让学生为葱姜蒜设计一张小小的"名片"或者"身份证",标注中英文名字。在这个过程中,绕不过去的必然是一些字词的运用和英文单词书写,带着这种强烈的兴趣和内在动机来完成这样一个有趣的活动就可以使得学生原来的"要我学"转化为"我要学"。这种活动会将检测悄无声息地纳入其中,这样的检测既不会给学生带来沉重的课业负担,更不会带来巨大的心理压力,同时又进行了英语学科文化的学习。又如在"最喜欢的中草药植物"表达学习时,就要求学生们有充足的推荐理由,基于这样的要求和自我需要,就会在一定程度上激发学生语言文化的学习、口语交际的参与积极性。而这些丰富多彩的实践活动为学生提供了丰富的"养料",势必会改变学生怕写作的局面,激发了学生说写的情趣。

（二）有利于加深和拓展数学思维类文化学习

从活动本身出发,充分挖掘数学学科文化之内涵,确立 1 至 2 个核心内容进行活动设计,包括活动材料准备、活动时间节点确定、问题情境营造、学科问题抛出、解决策略探讨、解决方案出台、解决方案的实施、实施效果的评价等流程。

以"认识校园里的中草药"为主题式探究活动为例,对最喜爱的中草药植物进行分层统计,并通过统计进行决策,是本主题活动中最能体现数学学科文化应用的内容。拟在活动开始之前对学生进行任务布置,让学生了解统计学文化的意义,并在活动中选定自己最喜爱的中草药植物。在活动结束以后,组织学生汇报最喜爱的中草药植物种类,并探讨统计的方式。班级内的统计相对较好实施,而分层统计,确立班级、年级甚至是全校学生最喜爱的中草药植物,对学生来讲具有较大的难度,但也能激起很大的探索欲。通过对分层统计数据的分析,可以延伸到统计决策领域,对校园花木种植的区域、数量分布提出建议。关于学生评价,将着眼于发展性的评价方式,从探索兴趣、数学思维能力、团队合作意识等方面入手,通过过程性材料积累、课堂表现性评价,辅以分层随机访谈,对学生表现和数学学科文化之应用的综合实践活动设计进行评价与反思。

学生通过真实的探究实践活动体验,理解数学统计的意义,探索统计的方法,发现统计的用处,锻炼决策的能力,并实现了学科文化在真实校园生活中的应用。这一过程充分体现了数学来源于生活、服务于生活的真谛。学生在这一过程中经历了统计决策的全过程,让学科文化融会在综合性实践活动中,必然为学生今后在解决需要决策的问题时,提供了良好的策略支持。

(三)有利于加深和拓展科学探索类文化教学

《科学新课程标准》中强调"科学学习要以科学探究为核心",科学教学活动不只局限在课堂教学时间里,要把学生的科学探究活动引出课堂,走向更大、更远的学习空间,让孩子们成为一个个探究者、实践者。将主题式综合实践活动与科学探究相融合,就是以课堂探究为前奏,以课外探究为后续,开展跨时空、全方位、多角度的综合实践延伸活动,把科学课堂和综合实践活动当作一个完整的课来考虑。如三年级"薄荷的生长"单元,将引领学生在种植薄荷过程中,观察绿色开花植物的生长发育历程,发现其生长变化规律,知道绿色开花植物的生长都要经历"种子萌发""幼苗生长""营养生长""开花结果"这样的生命周期。有了实验观察、种植经历,学生不仅感受真切,而且还会发现新的问题进行思考和研究:为什么有的种子不发芽?薄荷最适宜的生长环境是怎样的?薄荷栽培的行间距多大为宜……从科学观察、探究拓展到了数学学科文化的运用。

二、"海阔天空"的教学操作

中草药探究课程的多学科文化的整合,在目标设计、内容选择、方式上依据学生的特点、教材的特性、教师的学科特点进行了融合和改变。

(一)目标设计:体现跨学科文化学习的核心

1. 通过以中草药探究课程为载体的多学科文化跨界学习,积累具有符合小学生年龄特点需要和有"高科"特色的探究型课程。

2. 通过跨界,拓宽执教中草药探究课程教师的文化根基,激发教师的课程自主开发意识,发挥教师作为课程开发者、实施者和创造者的积极作用。

3. 通过跨界学习转变学生的学习方式,拓展学生的学习平台,加深对学科文化的理解与运用,使学生初步养成自主、合作、分享、积极进取的良好个性品质,形成浓厚的学习兴趣、科学的学习方法、良好的学习习惯、健全的身心、初步的社会责任感、向上的精神与创造的激情,最终启迪学生终身受用的智慧。

(二) 内容选择:把握跨学科文化学习的精髓

在中草药探究课程中融合小学各学科教学内容,旨在让学生从中锻炼解决综合性问题的能力和意志,在不同的学科文化领域中启迪学生终身受用的智慧。

1. 中草药探究课程各板块中的跨界学习内容

以启迪学生终身受用的智慧为活动目标,依据不同学段学生特点,开发学校资源、利用本地资源,对各板块进行有层次的整体架构。(见下图)

认知板块	应用板块	种植板块	文化板块	制作板块
语言文字 信息技术	语言文字 数学 生活与劳动 体育与健身	语言文字 数学 自然常识 美术	语言文字 品德与社会	语言文字 美术 劳动技术

2. 中草药探究课程中主题式探究中的跨界学习范例

认知板块:在"神奇的葱姜蒜"主题探究中跨信息技术之界

应用板块:在"水果拼盘"主题探究中跨生活与劳动之界

　　　　　在"五禽戏"主题探究中跨体育学科文化之界

制作板块:在"香包"主题探究中跨美术学科文化之界

种植板块:在"薄荷养护"主题探究中跨自然常识文化之界

文化板块:在"吟诗文识草药"主题探究中跨语言文字之界

(三) 方式运用:推进课程整合的秘密

中草药探究课程跨文化之界类型

在中草药探究课程中,由于教师对中草药探究课程有一定的设计自由度,所以统整的方式根据其课程实施的需要,体现出了不同的类型。

1. 结合自身所长,渗透学科文化内容

中草药执教教师根据自身优势,在某一课时教学时,有意识地结合自己的擅长,渗透相关学科文化内容,拓展学生的学习内容。如作为语文教师,黄慧老师执教《金银花》这课时,用学生喜欢的古典文学作品《西游记》引入,告诉大家作者吴承恩也精于中药,他用中药写的药名词《西江月》,描写孙悟空大战进犯花果山猎户时激烈拼杀的情景,词中用了乌头、海马、人参、官桂、朱砂、附子、槟榔、轻粉、红娘子等药名。在探究过程中让学生在传统文化中与中草药植物探究课程之间有了奇妙的碰撞。

2. 结合自身课程,进行统整与拓展

在学科教学过程中,执教教师关注我校中草药探究课程,有的为课程提供技术支持,而有的则在课程中选择适合本学科文化的内容进行统整与拓展。如执教信息技术的王华清老师,在上《设计小报》时,以设计《中草药植物探究小报》为内容,进行资料筛选、排版、美化等一系列教学,为学生出色完成探究成果汇报打下坚实的基础。又如我校自编的作文校本教材中,每一册都安排了与中草药植物探究课程相关的作文题,三年级《我最喜欢的水果》除了介绍水果的色、形、味,还可以从水果的医用价值写一写它的作用。四年级《我最喜欢的中草药植物》,有的同学将自己探究的薄荷写进了作文,而有的则选择了金银花、鱼腥草、芦荟等。五年级同学开展实践活动,参观中医药大学后写出了一篇篇生动的参观记……再如五年级中草药探究课"汤膳酒操"单元中有一个"做做健身操"内容,张红月老师和学生一起研究起华佗的"五禽戏"。

老师先聘请五位同学做学习导师各带领一个团队,每人通过视频学习一个片段,然后先行教会自己的团队,再在下一节课上由整个团队讲授动作要领与动作技巧,学习导师带领同学们模仿着做。

总之,很多学科文化都渗透到了中草药探究课程的文化学习中,很多学科文化中也有着中草药探究课程文化的影子。

3. 结合学生所需,主题式探究

中草药探究课程执教教师以主题式探究活动形式,开展多学科文化的跨界。如朱咏梅老师虽是一名语文老师,但在设计"黄豆发芽"的主题式探究活动中就运用了多学科文化统整的方法,先与自然学科跨界,利用学生已知的"种子发芽需要什么条件"来引导学生设计种子发芽的不同环境。进而再与数学学科跨界,利用数学课上所学习的测量方法,引导学生用尺量一量茎的长度,知道幼苗长高了多少来设计观察记录,学生们有的运用美术学科的画画形式来体现,有的用语文学科的文字记录形式,有的则用上数学学科的表格统计法……又如在张红月老师设计的"悠悠香包情"主题式探究活动时设计了三个活动环节。活动一"赏形美,知历史",教师让学生通过欣赏不同种类香包的美丽外形,探究香包的起源,了解与香包有关的传统文化,并通过与美术学科跨界来画一画自己设计的香包,提高了学生对美的鉴赏能力,也激发了学生对中国传统文化的热爱之情。活动二"闻香美,认草药,明药理",学生搜集香包中的香料,通过让大家闻一闻、看一看、辨一辨的方法来认草药,还要用简洁清楚的语言介绍其药理,很好地锻炼了学生的观察能力和语言表达能力。活动三"做香包",无论是要绕五彩线的纸香包,还是需要穿针引线缝制的布香包,都需要学生用上或发挥数学课的度量衡、生活与劳动课的动手技能,实现了多学科文化跨界。

(四)途径把握：实践课程整合的研究

中草药探究课程跨界学习的途径与措施

以"探究、创新"为核心、板块为横线发展、年级为纵线发展,循序渐进地体现螺旋上升式学习体系,以中草药探究课程校本教材为基础、课程为载体,将小学各个学科中的相关文化融入其中,采用三种跨界类型的方法,针对学生开展实现学科统整的研究性学习。

具体实施中,教师是引导,学生是主体,要全员参与。以探究小组为单位,组织学生开展相关探究主题的亲身实践,将相关学科文化内容跨界在一起,最终形成相关的探究作业、探究小报告。

实施途径：

1. 课内先学习。探究活动前,教师必须和学生一起制定活动计划,涉及哪些相关学科知识,学生实施时会遇到哪些困难,教师要利用课堂进行教学,为下一步活动提供知识基础和技能准备。如种植板块中对于植物的养护,在课上先要通过和自然学科统整,认识所要养护花草树木的名称、习性与特点,统整数学学习,计量适量浇水的度量和统计植物生长的高度等学科文化与方法。

2. 课外去实践。有了学科文化与技能本领,学生往往很乐意去现实生活中露一手,运用已有的知识来思考、解决生活中的问题,这样学生才会真正明白学习的意义和价值。

3. 综合运用再提高。学生在经历综合实践过程中,一方面将多种学科文化知识综合起来灵活运用,另一方面在活动中又自主获得了新的文化知识技能以及解决问题的能力,促进学科课程的学习。课外实践之后必须再次回归课堂,交流进一步需要研究的问题或改进措施,增强其学习动力。

三、"海阔天空"的教学案例

"学以致用"的教学框架要求以学生为主体,充分体现"从做中学"的理念。在教学《五谷杂粮中的中草药》这一部分时,朱咏梅老师以完成《五谷杂粮探究报告》为切入口,指导学生进行了"学以致用"的跨界学习活动。

(一)确定具有过程性特征的教学目标

《五谷杂粮中的中草药》是我校中草药探究课程二年级的一部分。结合课程内容以及学生的实际生活,把五谷杂粮中的中草药种植板块,根据学习的季节以及适宜种植的植物作为教学目标点,根据学生的学习兴趣进行小组分类,确定为通过小组合作完成种植绘本故事,帮助学生在实践活动中学会以观察的方式,记录并绘画植物的生长过程。

具体目标有:(1)学生通过植物的种植,体会到种植的不易,感悟种植的方法,激发学生对植物的热爱。(2)通过完成绘本故事的种植实践活动,引导学生经历植物选种、确立小组、选组长、分配任务、任务完成等一系列探究活动。(3)帮助学生了解植物的一般种植方法,并学会日常生活运用。(4)在问题解决过程中开阔学生视野,培养学生的探究能力、动手能力、协商合作能力,增进学生之间的友谊。

(二)创设富有探究性的教学内容

1. 创设情境,激发学生探究欲望

低年级学生,对周围的事物充满好奇,特别好问,他们具有探究和创造的潜能。教师要善于发现、激发和调动这些潜能,保护学生创新的萌芽——好奇心和求知欲,尽量想办法创设好奇、生动、有趣的情境,让学生对学习产生兴趣,进而产生主动探索的强烈欲望。孩子们的兴趣有个共同的趋向,那就是倾向于与自己关系密切或熟悉的事物。如果把发生在他们生活中的事情纳入到课堂中来,就会引起其极大的兴趣,与其产生共鸣。

学校开设的中草药植物课——五谷杂粮的种植,课程设置贴近学生生活和兴趣爱好,学生们喜欢在课堂中动动手、动动脚。但是,课程设置的内容却是不符合时间和季节规律的。于是,在课前,教师需要进行种植内容的调整。由于任何种植的植物都需要一定的生长条件和时间,在学校课程时间设置以及种植环境不具备的条件下,教师只能创造种植条件,让学生进行课后延伸观察。

2. 确立种植的内容

由于学生们开学时间正值初春万物播种时节,因此,可以确定适宜季节的时令植物进行种植。

3. 认识植物种子和土培方法

带领学生种植之前,首先要确定种植的植物是什么?根据时间和季节适宜的植物,教师推出一部分植物种子的品种请学生们认识,确定自己喜欢种植的植物,同时帮助学生根据所选择的植物进行学生分组。确定好这个之后,就来检查学生所带来的种植盆和泥土的质量,教会学生植入泥土、翻松土壤。

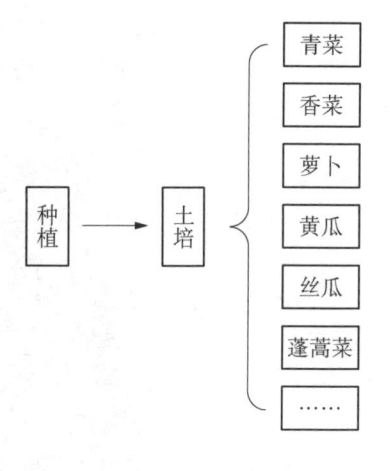

种植 → 土培 ⎰ 青菜 / 香菜 / 萝卜 / 黄瓜 / 丝瓜 / 蓬蒿菜 / ……

4. 分组进行种子的种植

按照自愿结合的原则，学生们分组进行种植，教师进行种植指导。在种植过程中，发现学生们都不太会种植（因为大多数学生在生活中并未接触过），种植完后要给植物浇一点水，学生们也无从而知。这一个种植的环节完全由老师进行指导完成。

（1）对比观察法

在种植的植物品中，有青菜、萝卜、香菜、蓬蒿菜、豇豆、丝瓜、刀豆、薄荷和黄瓜等。学生们初种的时候，非常感兴趣，天天去看这些植物。有些植物发芽早，有些植物发芽晚，这究竟是什么原因呢？在经过后期的观察中，学生们还发现：有的植物种子没有发芽。这一系列的问题困扰着学生们。于是，教会学生进行问题的查找，找出原因。有的学生将探究的问题制作成了表格，用于说明植物发芽早、晚的原因。

学生们发现，丝瓜是一个非常神奇的植物种类，1个月后都未发芽，当大家对它都失去信心和期盼，重新翻盆准备种植其他植物品种的时候，丝瓜种子却神奇地在盆中发芽、生长了。学生们得出结论：由于丝瓜的壳硬，虽然浇水得当，但还是比较晚发

第六章 跨文化之界：弥漫在每一个角落里的交流

植物名称	发芽时间	原因		
		泥土	种子	看护
青菜	2天	松软	当季	得当
蓬蒿菜	3—4天	松软	当季	得当
香菜	1周后	松软	当季 壳硬	一般
萝卜	没有出	适中	当季 壳硬	浇水不周
黄瓜	没有出	松软	当季不明	浇水太勤
丝瓜	1个月后	松软	当季 壳硬	浇水太勤

芽，因在泥土中不是很透气。时间长久的累积后，植物坚硬的壳慢慢软化了，又经过翻盆、松土后，种植生长环境更好了，便于发芽生长了。

（2）绘本日记法

学生们对植物的种植与生长非常感兴趣，索性将语文学科的日记、美术学科的绘画与日常的观察相结合，记录植物的整个生长过程。学生们将重新组织语言和运用绘画的技术、对美的追求、超强的观察能力相结合在一起，对植物种植这门学科重新赋予

119

它生命和故事。

这样的多学科文化知识整合在一起,学生们对学习既不会感到枯燥、乏味,又有足够的空间去观察,去思考,去想象,去进行自我探究或者同伴交流、共同探究。学习的形式更为多样性和灵活性。

(三) 合作探究与分享为特征的评价方式

"海阔天空"式学习的培养重点是学生根据自身的兴趣爱好,选择各种实践方法,提升合作能力、学习能力和探究的能力。因此,注重过程性评价和成果展示的评价方式。过程性评价方式在日常种植过程中,通过观察和照片、观察记录的方式进行展现;成果性的评价形式很多,如观察记录、种植作品以及学生的绘本故事等。

在本教学案例中,我们主要运用了观察记录、绘本故事的方式进行表现与分享的评价。学生种植观察完成后,利用课程活动的时间,每个小组成员将平日的观察通过文字绘画的方式记录下来,然后在学生当中进行传阅。每组成员根据自己的兴趣爱好,用不同的笔触描绘出植物的生长情况,用心记下自己的种植观察感悟,学生们充满自信地进行了互相交流与翻阅。

美国休斯敦的一家儿童博物馆里有一句醒目的话:"我听过了,就忘了;我见过了,就记住了;我做过了,就理解了。"可见,实践对掌握知识何其重要。注重学生在体验、探究和问题的解决过程中,学习知识。注重联系学生的生活实际,在实践过程中发现并提出问题,在亲身参与中形成探究意识和创新精神。

活动中,孩子们了解各种植物的一般生长过程;通过对植物的观察、探索和实验,激发了对植物生长过程的好奇心和探索兴趣,培养亲近自然、关心自然、热爱自然的情感;观察能力、信息收集能力及解决问题的能力得到锻炼;并学会了与他人交往、能与同伴合作学习的能力。

整个种植绘本故事的学习活动,既有种植知识和种植能力的学习,又有调动学生各学科文化的技能完成任务。因而,不仅锻炼了学生的动手能力,又还是一项以兴趣为核心,多种能力协调,跨越多学科文化学习的活动,跨文化之界的"海阔天空任鱼跃、任鸟飞"的综合学习活动。

四、"海阔天空"的注意事项

"海阔天空"式的跨界学习能够打破学科文化的界限,开阔学生眼界,提升学生运用多途径解决实际问题、提高综合运用知识的能力。但是,在"海阔天空"过程中,应注意如下两点:

(一) 注重多学科文化整合的度

在学科文化教学中,尽量避免为整合而去整合,注意"强扭的瓜不甜"的道理。

(二) 注重评价方式的呈现

注重过程性评价方式与表现性评价、成果性评价方式相结合。

(撰稿者:朱咏梅　张红月)

第七章
跨学科之界：课程回归生活的原始景象

　　课程的内容没有了边界,学生的学习没有了边界,教师的教学没有了边界,这是课程回归生活的原始景象。跨学科之界不仅能改变学生学习方式,还能影响学生学习习惯。跨学科之界的方式有很多种：学科整合、学科渗透、学科嵌入、学科串门。跨越学科界限,进入无边界学习,这是课程变革的一种常态。

创意 7-1‖　与时俱进：以学生需求为核心
创意 7-2‖　包罗万象：多学科多领域的资源整合

跨学科之界的研究是一件非常自然的事情，就像呼吸一样。其实，在我们日常教学工作中，就有意无意地运用着跨学科的思维指导着我们。

跨学科之界，是为了更好地互动发展交流，是为了更好地创新和理解。跨学科之界不仅能改变学生学习方式，影响学生学习习惯，还能延续中草药植物探究课程的生命力。

如何进行跨学科之界的学习呢？

首先，学科整合。整合是新的科学观念和思维方式，它重视各学科的知识、理论、方法的互相渗透，互相补充，互相促进。学科整合就是围绕这样的一个中心，将原本没有直接联系的学科有机融合在一起，使其互相渗透，互相补充，互相促进，以提高学生能力、促进学生发展为最终目的的一项举措。

如在"神奇的葱姜蒜"主题活动中，让学生为葱姜蒜设计一张小小的"名片"或者"身份证"，标注中英文名字。在这个活动过程中，绕不过去的必然是一些字词的运用和英文单词书写，带着这种强烈的兴趣和内在动机来完成这样一个有趣的活动，就可以使得学生原来的"要我学"转化为"我要学"。这种活动会将检测悄无声息地纳入到其中，这样的检测既不会给学生带来沉重的课业负担，更不会带来巨大的心理压力，同时又进行了英语学科知识的学习。

其次，学科渗透。即将中草药学科知识教育内容渗透到各门学科之中，通过各门学科知识的学习，化整为零实施教育，使学生们在各学科的学习中获得相应的知识、技能和情感。

如作为语文教师，黄慧老师执教《金银花》这课时，用学生喜欢的古典文学作品《西游记》引入，告诉大家作者吴承恩也精于中药，他用中药写的药名词《西江月》，描写孙悟空大战进犯花果山的猎户激烈拼杀的情景，词中用了乌头、海马、人参、官桂、朱砂、附子、槟榔、轻粉、红娘子等药名。在探究过程中让学生在传统文化与中草药植物探究课程之间有了奇妙的碰撞。

再次，学科嵌入。通过多种学科嵌入的方式，逐步改变中草药课程的教学设计模式、教学手段和教学环境，拓宽学生的文化视野，培养学生的多元文化意识，才能真正提高学生的创新思维和创新能力。

二年级的"五谷杂粮"的种植，课程设置贴近学生生活和兴趣爱好，学生们喜欢在课堂中动动手、动动脚。但是，课程设置的内容却是不符合时间和季节规律的。于是，教师进行种植内容的调整。在学校课程时间设置以及种植环境不具备的条件下，教师创造种植条件和种植环境,让学生进行课堂种植和课后养护观察,为学生的深入学习创设了一定的条件和环境。

最后,学科串门。中草药课程的学习就是一个非常典型的学科串门课程。许多不同学科的教师、家长一起进行授课。传统的学科界限已经被打破,无边界的课程在校园里蔓延滋长。许多老师、家长、编外人员走进同一节课堂进行串门,有的在同一个教学主题下进行串门。学科之间不再互不往来,没有牵扯,学科知识不再单一呈现,而是你中有我,我中有你。挖掘各学科中与中草药课程的整合点,不断延伸课程。

以"认识校园里的中草药"主题学习为例,对最喜爱的中草药植物进行分层统计,并通过统计进行决策,最能体现数学学科文化应用的内容。学习之前由数学老师对学生进行任务布置,让学生了解统计学文化的意义,并选定自己最喜爱的中草药植物进行学习。学习之后,组织学生汇报最喜爱的中草药植物种类,并探讨统计的方式,将学生最喜爱的中草药植物进行分类统计,对学生来讲具有很大的探索欲。通过对分层统计数据的分析,可以延伸到统计决策领域,对校园花木种植的区域、数量分布提出建议。中草药课程与数学学科的学习进行了一次很好的学科串门,同时也是教师打破自身学科范畴、时间、空间的一次教学。

教师们努力跨越着学科领域的界限,没有边界的课程学习将成为一种常态,课程内容的学习没有了边界,学生的学习途径没有了边界,教师的教学方式没有了边界,同时也打破了课堂唯一的教学模式,打破了教师同教研组教研的模式,呈现出多样的课堂文化,学生们在这些课程中汲取养分,培养兴趣爱好。

(撰稿者:朱咏梅　娄华英)

创意 7-1 ‖ 与时俱进：以学生需求为核心

"与时俱进"是指准确把握时代特征，始终站在时代前列和实践前沿，始终坚持解放思想、实事求是和开拓进取，在大胆探索中继承发展。我们中草药课程的教与学，不能完全脱离传统课堂模式，但为了走向未来，我们也不能停留于传统，必须与时俱进，根据学生的认知和需求，大胆突破，尝试打破学科界限，重视本学科与其他学科的联系，重视不同学科之间的优势互补，实现学科教学方法的"大融合"，打造深受学生喜欢的高效课堂。

一、"与时俱进"的理念和意义

近几年来，随着新课程改革的不断深化，跨学科课程的设计与实施是社会发展的必然要求，是科学发展的必然要求，是实施中国基础教育课程改革的必然要求。跨学科课程起到了打破学科之间的界限，实现多学科知识、方法的融合，使学生的学科学习内容与社会有效联系起来的作用。

（一）有利于了解学生学习需求，开发跨学科课程资源

学生的学习需求是教师组织教学的前提和基础。教师在进行跨学科教学时要以学生的学习需求为出发点，了解学生的智能结构和学习规律，激发学生的学习动机，吸引学生的注意力。同时，教师要想开展跨学科教学也要根据学生的多元智能发展情况制定相应的跨学科教学规划，将适合学生的多种智能学习资料进行合理归类。教师可根据需要随时组合利用教学资源，合理科学地安排教学，以发展学生智能，提高学生的综合素质。中草药探究课程是一门综合性较强的学科，不仅与自然学习领域有较多的交叉知识，也与人文学习领域有较多联系，这为中草药探究课程的跨学科教学提供了丰富的课程资源。教师要善于了解学生学习需求，结合不同教学内容寻求跨学科课程开发的方式和途径，将其整合成本探究课程和教学内容的一部分，并进行合理规划和设计。

（二）有利于开阔学生视野，提升学生的综合能力

在传统常规教学中，教学活动都是分门分科进行的，教师"孤立"地教，学生"孤立"地学，这容易使学生的知识结构孤立、死板，不懂得学科知识间的相互联系，从而影响到学习效果。通过跨学科教学，教师可以所教学科某一模块知识为出发点，建立其与

其他学科的横向联系,并通过教师的启发、诱导,帮助学生把所学知识融会贯通。在教师的引导下,学生通过不同学科的交叉渗透对知识形成整体性和系统性认知,有利于开阔学生视野,增进学生对知识的理解和掌握,且有利于学生系统学习方法的习得和辩证思维方式的养成,这对于学生综合能力的提高无疑是十分有利的。

(三) 有利于拓宽教师知识面,促进教师专业发展

在传统教学体系下,教师往往只专注于本学科知识的教学和研究,对学科外知识较少涉猎,这导致教师知识面狭窄,也使其实际教学能力受到制约,特别是面对某些学科交叉处综合性较强的知识时常感到"力不从心",这逐渐成为教师教学的"瓶颈",使教师在学生心中的专业形象下降,也不利于教师自身的专业发展。实施教师跨学科教学可以促进教师不断去学习新知识和新教学技能,且能促进学科之间的交流和碰撞,拓展教师教学视野,促进教师自身的专业发展和综合素质的不断提高。

总之,跨学科教学是基于多元智能理论下的一种教学新思路,它有利于学生能力的提高和教师的专业发展。因此,我们在教学实践中要整合多元化课程资源,促进学科间的交流和融合。

二、"与时俱进"的教学操作

"与时俱进"要求教师站在时代前列和实践前沿,在大胆探索中改革教学方法,尝试新的课堂模式。在课堂教学中,我努力创造良好的情境。注意学科之间的横向渗透,始终把激发兴趣、引导、点拨、组织学习放在首位,多给学生实践、操作的机会,努力让学生在学习中学会学习,在学习中增加兴趣,保护和激励学生在学科之间进行的联想尝试。让学生不但能学到中草药知识,也能学到其他各学科知识。

(一) 确定跨学科教学内容

1. 整合。中草药探究型课程教学内容首先立足于教材,通过寻找与其他学科知识内在联系点、结合点,实现有机整合,达到跨学科学习、灵活运用的目的。根据教材,将语文、音乐、体育、常识等各学科的每一册与本课程相关的教学内容都罗列出来,确定每一个教学内容的教学要求,然后从知识、能力等方面来找出其中的横向联系,找到其结合点,重新设计教学目标。

2. 延伸。中草药探究型课程教学内容以教材为基础,但又不局限于教材。在现有教材基础上,教师根据学生认知水平,作适当的、合理的延伸。

3. 引进。社会日新月异,生活丰富多彩,当中有着许多联系着中草药知识又生动

有趣的学习内容。这些内容的学习不仅能激发学生的学习兴趣和参与欲,而且有助于拓展学生认知、思维及解决问题的视野和能力,帮助学生形成综合联系地多角度认识和解决问题的意识和能力。

(二)培养自主性学习能力

1. 着眼"放"字,解放主体性。培养学生的自主探究能力,首先要着眼于"放"字,解放学生的自主能动性,实现师生关系的开放。师生关系开放的实质是教师对学生主体性的"解放"。教师应充分相信学生的学习潜能,确立学生的主体地位,开放活动的空间,放开学生的手脚,拓展学生的思维,把活动舞台交给学生,把活动时间交给学生,把活动自主权交给学生,老师只起组织作用。

2. 突出"趣"字,激发主体性。趣味性是中草药探究课程跨学科学习课的突出特点,因此,要突出一个"趣"字,充分发挥其"趣"、"活"的优势,引趣激情,培养学生的参与意识、实践意识、竞争意识,以形成自主探究的能力。

3. 不忘"赏"字,积极评价。对学生跨学科学习过程中的各科表现都应抱着欣赏的态度及时评价。如想法独特的,欣赏他的创新;想法有些偏离的,欣赏他的积极思考。在欣赏的同时,巧妙地"抛砖引玉",不忘教师的责任。

三、"与时俱进"的教学案例

立足当下,放眼未来,不断更新观念,改变教育方式,与时俱进地在中草药探究课教学中融入多种学科元素,尽量地设计一种学生喜欢的方式进入学习情境,要注意将多种智能、多种学习策略和多种教学方式系统地融入教学过程,使学生能在轻松愉悦的环境下学习。

结合以往的经验和教训,我们开始了"跨学科学习方法"课堂教学模式的研究。本学期我执教的内容是"正气良方制香包",属于"制作中草药作品"板块。怎么上得生动、吸引人呢?于是我根据课程教学部的要求,努力尝试与多学科进行有机整合。

(一)融入劳技操作,让中草药课程增添"实践性"

根据本次执教内容,与劳技学科是最好整合的。既能保持中草药课程原来的特点,又增强了与劳技课程间的横向联系;既有利于提高学生的学习兴趣,培养动手能力,又能取得良好的课堂教学效果。

探究活动中,我们的香包都是当堂完成的。有的购买的是半成品,有的是纯自制的。对于针线活,并不是女生的特权,男生个个加入其中。孩子们完成的作品可圈可点：形状多样、颜色艳丽。虽然缝制的手艺有待改进,但是一针一线都体现了孩子们对中草药学科的喜爱。

小学劳技课是学科课程的重要组成部分,具有很强的实践性。这一整合对于学生深入理解香包,训练劳动技能,开发智力,培养科学探索精神具有重要作用。

(二) 融入美术绘画,让中草药课程增添"艺术性"

美术是一种造型艺术、视觉艺术,通过构图、造型、配色等表现手法,创造出可以看得见、触得着的空间艺术形象。中草药课常常需要"美术"来帮忙。我们的探究作业是开放的、多元的。学生们上交的作业中就有他们自己绘制的香包,以及有关香包的古诗。这些美术基础知识有机结合在这堂中草药课中使学生更加直观地明确了本节课的学习目标,有利于学生掌握学习内容与方法,激发学生参与活动的积极性,同时对于美术知识的巩固也起到一定的作用。

(三) 融入网络资料,让中草药课程增添"综合性"

1. 问题的发现

因为是走班制,所以每个班级基本上轮到教师进来上课两次。第一次一般都是新授为主,课时结束前都会布置探究作业,然后让学生4—6人自由组合分组,组员分工,完成探究作业,等第二节课时交流。

但是有一个班第二节课交流时,竟然没有一组上台。问明原因：(1)双休日都要外出参加补习班,没空聚集在一起探究；(2)家长不同意这么多同学聚在一家,太吵了；(3)同学们各自分头寻找到的材料,由于意见不统一,最后不了了之。

2. 对问题的思考

问题是客观存在的,那么学校能提供什么？作为执教老师的我又能为他们解决什么呢？我想到：现在IPAD非常普及,只要学校能提供上网,那么课堂里就能当堂上网搜索资料,合作完成探究作业,提高探究的时效性。

3. 另辟蹊径解决问题

随着教育信息技术的广泛应用及因特网对人的影响,现代人更需要具备能够从瞬息万变的事物中捕捉、提炼所需信息,形成获取信息资源的能力,从而自觉主动地学习。基于这样一种要求与认识,我强调充分利用现代网络资源,研究网络环境下学生自主学习能力的培养。

五年级的学生已经具备探究能力,会使用百度来搜索,会查阅图书,具有初步处理资料和整理资料、分析资料的能力,也对团队合作有了一定的经验。

教室里是没有网络的,于是我在教室里安装了一个USB无线网卡(免费WIFI网络连接设置),那么,我们学生就能实现在课堂上当堂查找资料了。在执教后面的班级时我大胆尝试了下:每组由一名学生带好IPAD,上课时我们当场联网,查找资料,完成探究。这一改进,学生兴趣很高。

利用网络资源的阵地有两个:一个是学生分组后,每一组带一个平板电脑或者智能手机,连接教室里的免费WIFI上网;还有的事先在家里上网完成探究作业,下载到平板电脑里,在课堂内交流。效果最好的是学生当堂通过从网上查找资料获取香包的功效、制作这些香包需要的材质、药材等,甚至当场网购与制作香包相关的材料,课堂气氛相当活跃。

(四)融入语文元素,让中草药课程增添"文学性"

我国香包和外国香包的由来,很多都包含着一些有趣的历史故事或民间传说。课前让学生们查找,找到的有《香包迷案》《太真香囊子》《晋书·贾午传》《挂香包的传说》……我们还在探究课上交流,同学们绘声绘色的讲解既达到了探究目的,让大家了解到更多的香包知识,又能与语文学科整合培养学生的表达能力。但是每节课的时间是有限的,于是让学生们将这些资料打印出来,放在图书角里供大家课间阅读、学习。此外,我们还对香包展开深入探究,制成了探究小报。

(五)融入英语学科,让中草药课程增添"国际性"

我们的学生在探究中还发现,除了中国有香包,其实国外很多国家也有,不过叫"香丸"。外国香丸大约出现于13世纪中期,直到17世纪仍有使用。主要用来存放香料并去除异味,也可以存放草药避免感染疾病。主要为金属材质,一般被挂于颈部或者腰部。有些香丸打开后呈花瓣形,这样的设计使小球被分为多个小格子,可用来放置不同的香料……他们将这些内容制成中英文对照的小报。同学们从中学到了一些有关香包成分的英文单词,如 The Pomander(珀曼德)、Ambergris(龙涎香)、Aloe vera wood(芦荟木)、Myrrh(没药)、Frankincense(乳香)、Benzoin(安息香)、Dried rose petals(干玫瑰花瓣)、Sandalwood(檀香)等。他们还欣喜地发现这些香包成分,有些是直译、意译过来的,有些则是音译的。

(六)融入数学思维,让中草药课程增添"理性"

香包的配方很有讲究,按一定的比例配制才能起到效果,这就跟数学学科产生了关系。例如:9月开学时蚊虫较多,学生们就可以制作香包用以驱除蚊虫,经研究(上网查资料、走访中草药博物馆等)和尝试(家里制作糕点用的秤),得出最佳配方:丁香、薄荷、薰衣草、七里香比例为1∶1∶1∶1。再如：最近天气转凉，儿童容易感冒，他们制作的防感冒香包为丁香、冰片各3克，高良姜2克，桂枝、佩兰各5克，山柰、丁香、雄黄各3克，冰片、薄荷脑各2.5克，砂仁、蔻仁各5克以上，可任选一方，药料研成细末并过筛，装入小布袋，每袋10—15克，佩挂在脖子上，或用别针固定于衣襟，香袋距离鼻孔越近则效果越佳，布袋中药末每10天更换一次，以保持药效。根据香包的不同功效，药材的多少至关重要，数学学科的作用在此凸现。

（七）融入日常生活，让中草药课程增添"体验性"

香包制成了，我们没有搁置在一边，而是当作装饰品充分利用起来。同学们有的将香包挂在书包上，有的挂在笔袋上，还有的挂在家中、车中，拿去送朋友，独一无二，礼轻情意重……一段时间体验下来，同学们发现或感觉感冒少了，或不再受蚊虫骚扰了，或每天神清气爽，头脑清醒多了……大家体验到祖国中医药文化的神奇之处。

四、"与时俱进"的注意事项

尽管探究活动中的"与时俱进"融合了多学科知识之间的渗透，使枯燥的学习变得生动起来，极大地激发了学生学习中草药的兴趣，但是也要注意以下几点：

（一）要突出综合性

要找准切入点，从以往单一的说的形式向趋于综合性的复合型活动拓展；从单科的活动向跨学科的综合活动拓展，环环相扣、整体优化。

中草药探究活动的综合性学习在融合其他课程时，要注重自主性、实践性、开放性。教师要引导学生自主设计、自主探究，发掘利用其他学科课外、校外的资源，让学生自主开展实践活动，必须根据学生身心发展和探究课程的特点，关注学生的个体差异和不同的学习需求，爱护学生的好奇心、求知欲，充分激发学生的主动意识和进取精神，倡导自主、合作、探究的学习方式。多学科融合的综合性学习有利于学生在感兴趣的自主活动中全面提高素养，是培养学生主动探究、团结合作、勇于创新精神的重要途径。相对于传统的课堂教学而言，多学科融合综合性学习为学生提供了较大的灵活性、自由度和自主创造的空间。这不仅表现在学习活动的方式上，也表现在学习内容的安排与组织上，完全可以对教材内容的设计，进行改造、变通、拓展和完善。

（二）要突出活动性

在教学活动的设计思路上，要注意突出活动过程的非学科性，力求摆脱中草药学科课程的束缚,打开学生参与实践活动的通道,拓展活动的空间。要力求通过丰富多彩的实践活动和亲身体验,使学生真正地"活"起来,处于一种宽松、和谐、愉快的氛围之中;使学习成为一种享受而不是负担;使思维不受压抑,处于"激活"状态;使获取的知识不只是头脑中一种抽象的记忆,而是形成自身的一种能力、一种潜质。

(三) 要突出实践性

跨学科学习强调在多学科交叉中促进"中草药知识的综合运用、探究能力的整体发展、中草药课程与其他课程的沟通、书本知识与实践活动的紧密结合",因此,要从以中草药校本课程知识为中心的学习活动向以社会生活体验为中心的主题探究性活动拓展;从以知识性较强的识记性活动向实践性较强的操作性活动拓展。帮助学生走出教室,走入社会,走向大自然。实现学校、社会、家庭的沟通与联系,使学生提高对社会的认识能力和责任感。通过社会活动,巩固学生已学的知识,增添新知识,锻炼各种能力。

(撰稿者:朱雯清)

创意 7-2 包罗万象：多学科多领域的资源整合

"包罗万象"指包括宇宙间的一切景象，形容内容丰富，应有尽有。在儿童的学习中，思维是一个综合的过程，需要运用各类知识及策略。由此，跨学科之界的"包罗万象"旨在充分融合各学科的内容与方法，不再割裂地看待知识的学习，而是根据主题的需要进行恰当的选择。在主题式实践活动中，打破学科界限，采用多样性路径，对研究主题进行探究性学习。

一、"包罗万象"的理念与意义

中草药探究课程作为本校一门以自然科学为主线，同时跨自然、人文、艺术等几个领域、几大学科的整合性课程，其特色即是给学生提供了跨界学习的平台。

（一）从分科式学习走向主题式学习

通常，学校课程的编排以学科为界限，学生的学习也就相应地被分割为语文、数学、外语等等，这在普及知识的年代的确发挥了重要作用。但随着时代对人才的需求不断提高，学校教育需要聚焦学生的"核心素养"成为普遍共识。所谓"学生发展核心素养"，主要是指学生应具备的、能够适应终身发展和社会发展需要的必备品格和关键能力。而我国于2016年正式发布的《中国学生发展核心素养》共分为文化基础、自主发展、社会参与三个方面，综合表现为人文底蕴、科学精神、学会学习、健康生活、责任担当、实践创新六大素养，具体细化为国家认同的十八个基本要点。

这些素养的达成，并不能仅仅依靠分科式学习、割裂式培养，而更应该是有赖于整合式、主题式学习过程。中草药探究课程正是提供了这样主题式的学习方式，包罗多学科知识与方法，进行跨界学习，使学生知识和能力的获得成为一个完整的链条。

（二）从单一思维走向多元思维

一位设计师在阐述他的设计灵感源泉时这样说道："早年教师在做建筑师时，不只是关注建筑的结构，甚至会设想房间墙纸的颜色。教师体会到，音乐、建筑、绘画等等都只是设计的一个方面，只有把这些方面都掌握好，才能让自己的手能够握成一个拳头，让自己的设计具有力量。"这正说明，人在思考问题时不会只采用单一、线性的思维方式，而是一个综合性的思维过程。

中草药探究课程在提供多学科知识的同时,还注重培养跨学科的思维方式。例如,虽然其看似一门以自然科学为主线的课程,但同样蕴含其独特的文化传承,像中草药在中国的种植、应用和发展,历史上著名的中医学家等等,都是对学生人文底蕴、人文关怀的渗透。

二、"包罗万象"的教学操作

在中草药探究过程中,"包罗万象"并不是简单随意地组合课程内容,而是意在打破学科界限,以一个个开放的主题为学习内容,多角度创设学习目标,灵活选择学习方法,让学生们"脑洞大开",丰富他们的学习经历。

(一)目标设计:多角度探究

教师在设计教学目标时,应跳出自然学科界限,从多角度看待中草药植物探究课程,从而为学生提供更多跨界的方向。同时,为避免学生无从下手或盲目探究,教师还要在教学目标中适当提供跨学科的方向,如认一认叶子的形状,再画一画它的样子,从数学和美术的角度了解叶子。此外,教师还要在目标中明确探究的程度,是初步了解还是能够掌握,是能够大致讲一讲还是具体介绍。

例如,在《汉字的演变》一课,教师设计的目标为:(1)通过认识"草药"汉字的本源,理解草药的含义,激发探究的兴趣;(2)初步了解中草药在我国种植的悠久历史,能够为它感到骄傲和自豪。

(二)内容选择:主题式推进

教师依据探究的对象,选择主题进行设计,这样内容涵盖更加丰富,更让学生从多角度认识中草药课程,喜欢中草药课程。

例如,为了让学生了解汉字中的中草药,教师先利用《仓颉造字》、动画《三十个汉字的故事》等帮学生简要梳理了汉字的发展过程。抓住学生的注意力后,聚焦在课程名称"中草药探究"中的"草药"二字,挖掘其本源呈现出来——"草"代表草本植物,"乐"的"艹"说明古代治疗疾病所用药物以草药为主,下边为"乐",意为借助药物消除了病痛,人恢复了以往的快乐。在学生互动中,他们也能明确理解并说出"草药"的含义了。

针对低年级学生心理和学习特点,教师还将一个个有趣的小故事穿插在课程中。如枸杞作为一种营养滋补的中草药在生活中十分常见,在了解它的种植历史基础上,教师请学生们猜一猜"枸杞"名字的来历。接着通过搜集资料,呈现了两个"枸杞"由来的传说小故事。学生们兴趣盎然,听得津津有味,进而教师请学生课后选一个传说讲给爸爸妈妈听,学生的能动性也被调动了起来。

(三) 途径把握:方法的迁移

除了内容上的丰富,在跨学科中可以采用方法的迁移。顾名思义,将学习其他课程的方法运用到中草药探究活动中来。

如在学习《制作树叶贴画》时,教师先给学生介绍关于"巧用对称形"的内容,让学生懂得什么是对称形,而大部分的树叶形状是对称的,懂得并学会运用对称形。再具体介绍了"制作树叶贴画"的步骤,最后让学生构思、创作自己的作品。这不仅能加深学生对形状的理解,更会对完成树叶贴画带来很大帮助。

总而言之,本项目中的"包罗万象",不仅仅考虑学习内容的丰富性,还要从目标、方法、评价等方面深入挖掘其多样性,从不同层面、不同角度、不同环节思考课程实施的可能性与可操作性,开拓学生学习的综合视野。这也是中草药探究倡导"跨界学习"的初衷之一。

三、"包罗万象"的教学案例

在执教低年级《校园中的中草药》时,教师着重从植物背后的文化内涵入手,用一个个生动有趣的小故事串起课堂。下面就以银杏为例,呈现课程中对植物文化的点滴探寻。

(一) 打破学科,转变角度,制定目标

选取"银杏"为探究主题,进行资料搜集后,教师首先从"银杏"作为植物本身考虑本次探究活动的目标,如认识银杏树,了解它的特点。其次由于银杏的种植年代久远,关于它的传说、文学作品等比较丰富,教师从文化角度设计探究目标。除此之外,针对不同年龄阶段、不同水平的学生,教师还要清楚制定探究的方向和所要达到的程度,以便更明确地对学习过程进行调控和评价。

针对低年级学生学习特点,围绕"银杏"这一主题,教师制定如下教学目标:(1)认识校园中银杏树、银杏叶,知道银杏果,简单了解它们的药用和观赏价值;(2)通过趣闻阅读,观看故事,能够说出银杏树的别名,并清楚介绍"银杏"这一名字的来历,感受银杏树的神奇之处;(3)借助绘画创意、故事创编等,展开想象,利用"银杏"进行创意设计。

(二) 围绕主题,深入挖掘,设计活动

中草药探究课程作为一门综合性课程,可以从不同角度、不同领域整合资源。

校园中种着很多银杏树，夏天青翠欲滴，秋天满树金黄。可以说，经过一个学期的学习，小朋友们对于银杏树以及银杏叶并不陌生，有了一定的了解，但较为深入的探究却不多。而基于低年级学生年龄特点，故事对于儿童的吸引力是巨大的。因此，教师引导学生着重从以下四个方面探究银杏：

	活动内容	教师活动	学生活动
一、小银杏，大作用	（一）认识银杏的叶子、果实（白果）	借助实物、图片，展示银杏叶和白果，并对学生的观察进行补充	仔细观察，交流看到的银杏叶子和果实的形状、颜色
	（二）了解食用价值和药用价值	1. 补充介绍白果的食用价值； 2. 介绍银杏叶的药用价值	1. 说说自己生活中了解到的白果的食用方法和禁忌； 2. 回家尝一尝用白果做成的食物，并学着做一做
二、小银杏，大来头	（一）银杏的发展历史	（出示地图）介绍银杏的生长历史及分布	生谈感受
	（二）银杏名称的传说	1. 出示银杏的别名：公孙树，学生猜一猜取名原因； 2. （播放视频）讲述银杏名称的由来传说	生交流； 生认真听，并小组合作讲一讲
	（三）名家笔下的银杏	1. 朗读描写银杏的名家名篇《三棵银杏树》； 2. 积累描写银杏的诗句； 3. 唱童谣《银杏树》	自由朗读、背诵
三、小银杏，大能量	（一）长寿之树； （二）生命之树	组织汇报	交流课前搜集资料，体会银杏的神奇
四、银杏小故事	以银杏为主题自编图文小故事	1. 播放动画《听伯伯讲银杏的故事之银杏是中国的国树》； 2. 指导自编图文小故事	生自由完成，或与家长共同完成，想一想、写一写、画一画

本学期中，教师选取"银杏"为探究主题，首先，从自然学科本源出发，带领学生认识了银杏的叶子和果实，了解了它的食用价值、药用价值和生态价值；其次，跨越地理和历史界限，介绍了银杏的生长历史及分布，学生惊讶于身边的植物竟然有这么不平凡的发展历程；最后，抓住银杏名称由来的传说和名家笔下的银杏，从文化角度认识银杏，为后面自编图文小故事做好铺垫，更为学生的中草药探究之旅提供了新的视野。

（三）相互借鉴，拓展方法，多样探究

在探究方式上，除了教师引领下的学习，自己尝一尝、做一做、读一读、写一写、画一画，小组内的合作交流，家长的协助查找资料等，都让课堂内外充满了碰撞出的灵感火花。比如，在了解银杏的食用价值后，教师请小朋友回家尝一尝用白果做成的食物，并学着做一做；在观看视频了解银杏名称由来后，小组合作共享信息，讲一讲这个传说，既是对学生获取信息、表达信息能力的锻炼，也是学习合作与分享。

在教学资源整合过程中，在如此跨界学习中，学生的视野、思路被打开，中草药探究不再仅仅局限于自然知识的学习，在人文素养、科学精神等方面也是有所收获的。例如了解名家笔下的银杏，学生在朗读与背诵中，初步感悟了人们对银杏的喜爱与赞美，正是因为它把美景带给人们，把果实献给人们，所以小朋友们也要做一个带给别人美的感受的孩子。

儿童与生俱来就具有敏锐的艺术感受力和丰富的想象力，各种艺术手段都能激发人的情感体验。自然与艺术的融合激发了学生丰富的想象力，更是变成了艺术的创作。在以银杏为主题自编图文小故事活动中，小朋友或独立或在家长的协助下，脑洞大开，银杏化身翩翩起舞的蝴蝶、五颜六色的裙子、带来清凉的扇子……创作出一个个动听的故事、一幅幅生动的图画。过程中学生既得到了创作的快乐，也开启了他们更多中草药植物探究兴趣的源泉。

跨越多领域、多学科界限探究中草药，不仅为中草药这一传统文化注入新的活力，学生能够为它感到骄傲和自豪，而且从不同角度、不同切入点激发学生的探究兴趣，让更多学生都能从中草药探究课程中找到自己兴趣点，从而喜欢上中草药课程，喜欢上中草药文化，更能在这样的跨界学习中获得广阔的视野、丰富的经历。这也正是当前课程建设力求满足学生多方面需求的一种尝试。

四、"包罗万象"的注意事项

"包罗万象"跨学科之界的课程理念意在为教师拓宽课程资源和探究角度，为学生

完善学习过程,丰富学习体验,是课程与教师、课程与学生、学生与教师相得益彰的学习经历。然而,"包罗万象"并不是"大杂烩",在教学中需要注意以下几点:

(一) 尊重为本

当前以中草药为载体的跨学科学习核心之一是传播我国传统中医药文化,所以要以尊重和保护为本,需要创新的是学习方法和探究角度,而不是文化本身。

(二) "包罗"有度

"包罗万象"式的探究活动内容丰富,方法多元,但并不是杂乱无章,随意黏贴的学习。而是要围绕着中草药课程框架,挖掘与学生年龄特点、生活实际、能力水平等相符合的跨学科主题活动,从而为学生提供综合性的学习平台。

(撰稿者:许筱英)

第八章

跨身份之界：华丽转身擦出闪耀火花

跨越身份之界，让原本教与学身份的固定模式，转变为相融、相合、相交的身份互换，家长摇身变教师，学生亦可登台讲课，教师则随堂听讲，连大学生也成为"编外教师"。这既使学生的学习碰撞出更多元的思维，也让教师的专业成长锦上添花，家长的专长得以发挥，教育的光芒得以普照。

创意 8‖ 锦上添花：在"换位"中展现课程的活性

学无界，知无涯，为不断推动跨界学习步伐，我校又探索出了一条跨越身份之界的新思路。所谓跨越身份之界，就是打破原有学生、家长与教师身份的固定模式界定，使教育教学更为丰满，更具生命力，同时也是教育发展的新趋势。

我校的中草药探究课程，不仅是中草药知识学习的过程，更是以问题探究为导向的研究型、探究型学习。这给教师的教育教学、家长的经验分享、学生的博采众长都带来了重大机遇与挑战。

随着我校中草药探究课程的不断深入，随着孩子们对中草药探究课程学习热情的提升，让我们非医药学科班出身的教师们深刻感受到自己在医学方面的知识无论在广度还是深度上都出现了很大的短板与空缺。这些短板和空缺又很难在短期内依靠我们自身的教学相长来弥补。而经过家委会的"民意调查"，我们同时又欣喜地发现，我校许多家长有着丰富的医药专业知识背景，很多家长就任职于被誉为"张江药谷"的国家上海生物医药科技产业基地里的各知名医药科研院所，如中医药大学、美国杜邦、罗氏研发中心、和记黄埔、安利、霍尼韦尔、国家生物芯片中心、罗门哈斯、日本荣研等国内外知名研发中心，还有上海罗氏制药有限公司、上海汇仁制药有限公司、上海三共制药有限公司、微创医疗器械（上海）有限公司、上海迪赛诺医药发展有限公司、上海复旦张江生物医药股份有限公司、浙江华海药业、上海曦龙、深圳同田、上海迪赛诺、先导药业、海欣生物、中南生物等众多医药生产企业，这为我们提供了大量的具有中医药专业知识的师资力量。我们是否能借助家长的力量为孩子们，为我们教师提供更为专业的指导，进一步创新和发展中草药探究课程呢？

"跨身份之界"便孕育而生。如何"跨身份之界"？

通过跨越身份之界的思考与实践，我们尝试着让原本教与学身份的固定模式界定，转变为相融、相合、相交的身份互换，从而擦出灵感火花，让探究学习锦上添花，使教与学相生相长，真正展现出跨界的价值。

跨越身份之界，家长摇身变教师，我们的中草药探究课程的教育教学资源正得以进一步的拓展，有效弥补了学校教育教学资源的不足。身怀领域专业知识的家长来校开设中医药家长微型课程，他们自告奋勇地为学生开堂授课，给教师带来精彩讲座。这些课程与学校的正式课程互为补充，并有效拓展延伸，通过多种方式使孩子开阔视野、增长见识，更好地为学生成长提供优质高效的教育资源，有力推进了学校的课程改革。

跨越身份之界，学生亦可以是教师。孩子们从学习中获得的药理知识，从亲身实践中获得的心得体会,都可以在讲台上与同学们共同分享,让智慧的火花闪耀。

跨越身份之界,教师也是学生。通过随堂听讲,和学生一起向授课的专业家长求学问道,拓展学科视野,积累专业知识,更丰富了自身的教学经验。

跨越身份之界,中医药大学的大学生们也来到我们学校,作为中草药课程的"编外教师",给孩子们带来了不一样的中草药学习的体验,自己的才能也得到提升与锻炼。

通过学校、家长、孩子和社区间多方互动的平台构筑,完善了学校、家庭、社会三位一体的教育体系,丰富了学校的课程资源,创新了教育形式。

跨身份之界的现实意义在于真正使孩子们的学习、教师们的专业成长锦上添花,家长的专长得以发挥与弘扬,教育的光芒得以普照。通过身份的跨界,碰撞出更多元的思维,分享到更前沿的新知,将拥有更广阔的未来。

(撰稿者:傅茗　娄华英)

创意 8 ‖ 锦上添花：在"换位"中展现课程的活性

作为教育的主体，施教者对于受教者而言，有着举足轻重的作用和意义。以往课堂教学中，教师自然是课程教学的法定施教者。但是，随着时代进步的加快，科学技术的日新月异，知识信息的爆炸式发展，不得不让我们开始对新课程改革中的教师身份予以重新审视和着手改进。都说好父母胜过好老师，《论语·述而》中的"三人行，必有我师焉"也早已成为家喻户晓的教育警句。所以，我们虚位以待，让有能力的家长也肩负起课程身份成为我校"锦上添花"的主角。

所谓"锦上添花"就是学生在接受教师原有学习认知的基础上，通过教学形式的进一步充实与完善，打破原有家长、师生的身份界限，让学生家长以其专业之长来校授课，真正实现社会资源的有效利用，从而使学生汲取的知识和信息量能得以无限放大，使多维开放的教学能达到锦上添花的效果。

一、"锦上添花"的价值与意义

多年来，围绕中草药探究课程的开发，我校进行了许多丰富多彩的教学研究。随着学校中草药探究课程的深入开展，教师自身中草药专业知识的欠缺与不足日渐凸显，以致课程活动的后续拓展遇到了瓶颈。如何突破瓶颈？如何更好地实现课程开发的教学目的，拓展学生对中草药探究的深度与广度，从而找到一条行之有效的探索之路？这便成为我们努力求索的方向。

跨身份之界，以"家校合作家长微型课程"的开发和实施作为切入点，借助更多家长和社会资源来实现教育的开放性和多向性，从而不断拓展孩子的知识面和信息量，以掌握更丰富多样的知识，促进个人精神世界和身心健康的全面发展，并助力其潜能的发挥，这便是我们开辟的一条成功之路。

通过这两年"家校合作家长微型课程"的开展与优化，我们对跨身份之界之于教育的现实意义有了更深的认识与感受。总结起来，其意义主要体现在以下几个方面：

（一）有利于优化教育条件

跨身份之界能够将家长的资源通过整合和开发，形成学校课程建设的新资源，从而弥补教师在中草药专业知识上的不足，进一步优化教育条件。逐步完善了学校的课程结构，拓展了教育资源，推进了学校的课程改革，深化了家校合作，拓宽了学校教育向外延伸的途径。

（二）有利于促进学习发展

跨身份之界为学生提供多样化的教育资源和体验。在家长微型课实施的同时，我们发现家长也是很好的老师，上课的家长虽然没有经过专业的教育培训，但是他们能发挥各自的特长、能力，结合自己的阅历与经验分享，使得授课的方式更加多样、有趣，加上他们又是孩子家长的缘故，家长对孩子比较熟悉，熟悉他们的年龄特点、兴趣爱好等，家长对子女授课，比较亲切，而且容易产生共鸣，所授课程内容也比较切合学生的生活、学习实际，能满足他们的需求，不仅能开拓学生的知识面，而且能激发学生对生活的热爱，所以更受孩子们的喜爱。

（三）有利于提供丰富知识

跨身份之界为我们提供了大量具有中医药专业知识的家长。他们的知识结构更科学、更严谨，提供给学生的知识更具专业性和启发性，其教学自然使学生获取的知识与汲取的信息更加丰富多彩，能补充到更多的"维生素"。

（四）有利于实现共同育人

跨身份之界，将家长当作办学力量来智用。去掉简单的对等关系，跨身份之界在教育层面上实现共同育人的目的，将教育整体优势得到充分发挥。同时，也使得家长和教师在教学相长中得到共同进步。学校教师借此对家长和学生有了进一步的了解，育人理念和教育方式也受到了更多启发。家长则在参与学校课程建设中更新了教育观念，教师与家长的关系也更加融洽，配合更趋默契，目标更易形成共识，教育方法上也更加趋向成熟。

总之，"锦上添花"模式作为家校合作的载体，使得学生学得开心，家长教得舒心，这样的"跨界"合作真的意义非凡。

二、"锦上添花"的教学探索

（一）"锦上添花"模式的起源

开启跨身份之界的"锦上添花"模式，缘于家长会的"民意调查"。我校家长大都在上海浦东张江高新技术园区工作，来源也比较多元，除了本地常住人口外，有较大部分为园区白领，包括海归、港澳台及外国户籍家长，家长学历也普遍较高，据调查，2011年家长本科以上学历人数就逾60%。多元的文化背景和较高的学历蕴藏着丰富的课程资源。同时，广大家长也热心并致力于教育的投入与付出。这就为"锦上添花"模式提供了良好的前提条件和智力支持。

在家长们的大力支持下,我校从2008年起开设家长微型课程,目前已拥有"编外教师"120多人,形成了一定规模的"家长教育资源库"。其中很多家长都就职于被誉为"张江药谷"的国家上海生物医药科技产业基地里的各知名医药科研院所,如中医药大学、美国杜邦、罗氏研发中心、和记黄埔、安利、霍尼韦尔、国家生物芯片中心、罗门哈斯、日本荣研等国内外知名研发中心,还有上海罗氏制药有限公司、上海汇仁制药有限公司、上海三共制药有限公司、微创医疗器械(上海)有限公司、上海迪赛诺医药发展有限公司、上海复旦张江生物医药股份有限公司、浙江华海药业、上海曦龙、深圳同田、上海迪赛诺、先导药业、海欣生物、中南生物等众多医药生产企业。

(二)"锦上添花"模式的框架

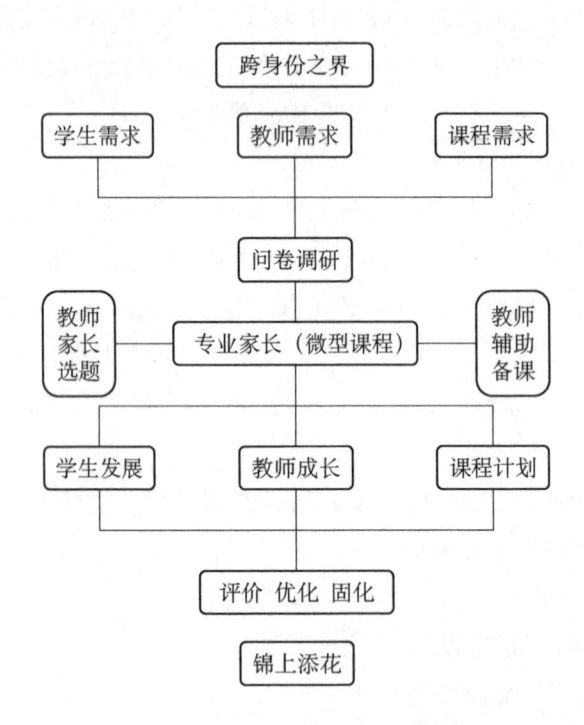

```
                    ┌─────────┐
                    │ 跨身份之界 │
                    └─────────┘
          ┌─────────┐ ┌─────────┐ ┌─────────┐
          │ 学生需求 │ │ 教师需求 │ │ 课程需求 │
          └─────────┘ └─────────┘ └─────────┘
                    ┌─────────┐
                    │ 问卷调研 │
                    └─────────┘
    ┌────────┐                          ┌────────┐
    │ 教师   │    ┌──────────────┐      │ 教师   │
    │ 家长   │────│专业家长(微型课程)│──│ 辅助   │
    │ 选题   │    └──────────────┘      │ 备课   │
    └────────┘                          └────────┘
    ┌────────┐   ┌─────────┐   ┌─────────┐
    │ 学生发展 │  │ 教师成长 │  │ 课程计划 │
    └────────┘   └─────────┘   └─────────┘
                 ┌──────────────┐
                 │ 评价 优化 固化 │
                 └──────────────┘
                 ┌─────────┐
                 │ 锦上添花 │
                 └─────────┘
```

"锦上添花"的模式,核心就是跨身份之界,与教师授课不同,其主体框架组成形式如下:

首先,要从综合考虑学生需求、教师需求和课程需求出发,通过问卷调研,全面了解学生求知的兴趣点、教师教学的重难点、课程开发的着眼点。在此基础上,经过教师和家长认真甄选课题,结合教师辅助备课后,再由具备专业知识的学生家长走上讲台,进行微型课程教学。自此,通过这种家长跨界的教学模式,教师和学生一起聆听家长讲授,形成使学生得到发展、教师得到成长、课程得以开发的"锦上添花"效果。

为了进一步完善该微型课程,让该花更加绚丽多彩,接着我们又对家长的授课内容、授课形式、授课效果进行系统综合评价,再经过教师的专业修改,不断将之优化直至固化,最终形成有效的教学资源以便今后参考利用。

三、"锦上添花"的教学案例

(一)跨身份之界享受专业指导

在中草药探究课程的开发中,我校就是通过借助专家团队的家长力量,将微型课程列入学校课程计划,定期邀请有中医药专长的家长来为学生上课,以此弥补教师专业的不足,从而让孩子们享受到了更好的课程、更专业的教育。同时,家校间的这种紧密合作,也进一步完善了学校的课程结构。

例如,上海中药创新研究中心的研究员珅仪妈妈给孩子们带来的《中药·药物制剂·人体》微型课程就深受孩子们的喜爱。

课堂上,珅仪妈妈先抛出个第一个问题:"小朋友都见过哪些中药?"人参、枸杞、菊花、牛膝、黄连、薄荷……孩子们的回答声此起彼伏。珅仪妈妈趁热打铁地通过PPT又展示了几张羚羊角、牛黄和滑石粉的图片,拓展开大家的思路,告诉同学们中药除了草药,还包括动物药、矿物药等,并分别详细介绍了各自的药理活性和临床用途。

接下来,珅仪妈妈又抛出个第二个问题:"人们通常是怎样使用中药的?"小朋友结合自身的体会,积极参与、热烈讨论,说出了几种传统的服药方式——口服水煎剂、口服胶囊、口服滴丸等,珅仪妈妈频频点头称是,并以丹参为例,给同学们详细介绍了如何从中药做成现代药物制剂的过程:首先将药材制成中药饮片,经过现代工艺,将有效成分从中药中萃取出来,然后制成各种药物制剂,如丹参胶囊、丹参注射液、丹参滴丸等,以利于患者服用,达到临床有效治疗疾病的目的。

紧接着的第三个问题:"药物是如何在人体发挥作用的?"这成了最吸引学生们的问题。面对大家好奇的眼神,珅仪妈妈通过PPT图片的一一展示,让同学们先从感观上认识了人体的血液循环系统,并了解了细胞膜的结构组成,再进一步向同学们详细介绍了动脉血和静脉血如何在肺部进行转换,药物是如何透过细胞膜进入血液系统发挥作用的。同学们听得聚精会神,对神秘的血液循环系统产生了无比好奇。

"那到底哪种给药方式更能在人体快速地发挥作用呢?"同学们又结合起自身体

验,争相发言。听了同学们的发言,珅仪妈妈准确地说出了静脉滴注和口服给药治疗疾病的差异。

最后,做了科学实验,让同学们亲自测试了人体胃液和肠液的PH环境,并将不同的胶囊放在两种溶液中,观察溶解过程。当同学们观察到PH试纸在胃液中变红,在肠液中变蓝时,异常兴奋。甚至有同学将胃液和肠液混合,观察PH试纸颜色的变化,他们的兴奋溢于言表。

教师点评:

这是一堂意义非凡的人体与医药的科普课程。孩子们不但听得津津有味,更加深了对中药的基本认识。珅仪妈妈的答疑解惑让同学们增加了知识,打开了眼界,收获自然很多。

人参、枸杞、菊花、黄连、薄荷正好是上学期孩子们已经认识的中草药,药理专家从不同角度给孩子们诠释了药理、药性,不仅巩固了上学期所学到的知识,而且对这些草药也有了新的认识。

家长寄语:

学校教育和家庭教育是一个共同体,学校教育离不开家庭教育,同样家庭教育是为了让学生更好地接受学校教育,既然我们选择了学校,就要与学校共同发展,共同为学生的健康成长而尽力付出。真心希望学校和家长争取更多不同的资源,将更多中草药学知识通过体验式教学传递给宝贝们,让他们在动手、动脑的教学环境中快乐学习!

(二) 跨身份之界助力课程开发

只有当学生家长成为课程改革的助力而非阻力,并与学校和教师齐心协力的时候,"新课程"才能真正地顺利前行。

在参与微型课程的同时,家长们更多地了解了学校中草药探究课程的实施进程,也开始主动参与到我校中草药课程的开发中来。为了使中草药校本教材更专业,更适应孩子学习,学校也在课程开发中不断听取各专业家长和学者的意见与建议,及时进行教材的改版和修订。如在中草药教材种植板块的教材编写中,通过有种植专长的家长指导,针对浦东地区的气候特点,我们对部分中草药植物种植的时间进行了逐一修订;在家长的出谋划策下,对制作板块的教材也重新进行了调整:一年级从原来的单单画叶子增加了简单叶子的压制内容,步步深入;二年级种子贴画板块中增加了种子的其他利用;三年级从水果板块延伸到了蔬果板块;四年级花卉板块中增添了花香疗法;五年级由香囊的制作拓展到了综合利用……

同时，教师在与家长交流、讨论、碰撞的过程中，好的思路想法也不断孕育而生，从而帮助教师把家长有趣的点子、创新的思路、先进的技术拿过来，以融入教学实践中，使我们的中草药探究课程更加有趣、活泼、精彩、有效。

（三）跨身份之界推进课程开展

苏霍姆林斯基曾经这样说过：学校和家庭两个"教育者"不仅要一致行动，要向儿童提出同样的要求，而且要志同道合！抱着一致的信念，始终从同样的原则出发，无论是在教育目的过程还是手段上，都不要发生分歧。

在家校合作中，为了能统一思想，形成合力，我们的每次活动都请家长参与学校的决策、监督和评价，以利于我们的改进提高。

2015年4月，我校科技节系列实践活动如火如荼地展开，其中就有一个围绕中草药植物探究教学的活动：争做多肉植物小达人——"多肉植物种植与养护探索"活动，当每个学生都拿到一盆心爱的多肉植物后，孩子们都爱不释手，生怕弄坏了植物宝宝。"我的植物宝宝叫什么？""他每天要浇多少水？""他要不要晒太阳"……随之，问题也接踵而来。为了帮助孩子们更好地了解自己的植物宝宝，实现小达人目标，负责中草药植物探究的夏老师请来了在孙桥农业园区工作的家长帮忙，一起制作了多肉养护之科学微视频，这下，孩子们对于如何照顾自己的"小肉肉"有了明确的方向，信心足了，热情也更加高涨了。

"小肉肉"在孩子们的精心培育下，一天天长大，一份份精致的"肉肉"成长记录单诞生了。家长也参与了评估学校课程的活动，在孩子们活动的评价中，有家长在评价中这样写道："我儿子很喜欢他的'肉肉'，他给'肉肉'取了个名字叫'哥斯达黎加'。自从有了'哥斯达黎加'，他比以前做事认真了很多，他天天拿着尺子去量'肉肉'的长度，每天一丝不苟地记录着，我觉得学校活动开展得非常好，我们给儿子和学校点赞，打优。"

从家长的评价和寄语中，我们也很受鼓舞，家长参与学校活动的评价，肯定了我们对中草药探究课程的实施，我们也将进一步拓展家长对课程的评价、对教师的评价、对孩子的评价，然后，参考家长的评价，来完善我们的课程。

四、"锦上添花"的注意事项

"锦上添花"式的跨界学习能够打破教师自身专业知识不足的壁垒，既是对校内课程的补充，也是实现家校合作的载体，意义多元。但是，在"锦上添花"过程中，应注意如下几点：

（一）做好"跨界"的前期准备

"锦上添花"为孩子们中草药专业知识的学习提供服务，课前应做好和家长的交流沟通，做好选题，并帮助家长进行课前备课，使跨身份之界的学习真正为学生的学服务。

（二）把握"跨界"的度

"锦上添花"不是将课堂全盘交给家长，教师撤离课堂，而是在家长专家导师的引领下，和孩子们一起进一步学习专业知识，储备自身的中草药学知识，实现教学相长。

（三）注意"跨界"后的反馈评价

"锦上添花"要真正实现预期目标，还必须做好评价与反馈。包括组织学生撰写体会，参与交流讨论，从教师、学生、家长的反馈中，总结经验，找准改进方向，最终予以固化优化。

（四）寻求更多"跨界"资源

一方面要善于挖掘在校学生家长中的优秀人才资源，另一方面也要想办法尽量留住已毕业学生家长中的优秀资源，同时要综合建立起更加有效的资源库，以便更好地为学校教育提供强大的人才与智力支持。

（撰稿者：傅茗）

后　记

"中草药探究"课程在我校实施至今，已有八个年头。执教这门课程的老师从一开始的30多位到今年的80余位，未来这一师资队伍还将继续壮大。是什么让课程历久弥坚，又是什么吸引着老师们纷纷加入课程团队？

我想，除了对中医药文化的兴趣、对教书育人工作的热爱，更重要的是，课程中蕴含着的那些极为丰富的生长点。"跨界学习"就是其中之一。新颖的教学理论，以及自由的教学空间，激发老师们不断深入思考，尝试更适合的教学方式，并对其他领域、其他学科的教学产生启发，进而引动更深层次的课程变革，这是课程开发建设的重要意义所在。我希望，本书的出版与传播可以贡献出我们的一份力量，让大家对"跨界学习"有更多的了解，在建设具有校本特色的课程方面也能够有所启发。

本书由教师群体合作撰写而成：前言由娄华英执笔；第一章由江晓雪、汤佳雯、娄华英执笔；第二章由夏伟婕、唐春燕、娄华英执笔；第三章由陈蕾、徐留芳、娄华英执笔；第四章由张静、吕慧莉、娄华英执笔；第五章由崔紫英、倪晰娇、娄华英执笔；第六章由曹晶、朱咏梅、张红月、娄华英执笔；第七章由朱咏梅、朱雯清、许筱英、娄华英执笔；第八章由傅茗、娄华英执笔。全书最后由娄华英、夏伟婕统稿，审定。

写书对于小学教师而言，并非易事。大家在紧张的工作之余，全情投入其中，实属不易。从章节框架、写作提纲的建构，到每个主题的任务分配写作，一直到标点、名称的规范统一……每个人都耗费了非常多的时间和精力，也有过不少返工和修改，但面对成果，这一切都是值得的。在此，特别感谢上海市教育科学研究院杨四耕老师在课题研究、书稿撰写与完善中给予的指导，杨老师的悉心帮助，助益我们的研究取得了成功，也促成了本书的完美收官。

书的出版并不意味着研究的结束。事实上，愈是深入的研究学习，愈发现教学实践中的许多不足。学校课程深度变革，我们永远在路上！

上海市张江高科实验小学校长

娄华英

2017年11月20日

封面图片 来源：视觉中国

ISBN 978-7-5675-7612-4

定价：34.00元

www.ecnupress.com.cn